확 달라진 세상!
진짜 부자는
아파트가 될 땅을 본다

1억 투자로
월 300만 원
평생 연금
받는 비법

확 달라진 세상!
진짜 부자는
아파트가 될 땅을 본다

1억 투자로
월 300만 원
평생 연금
받는 비법

부자사관학교 마스터반(김선무, 김진수, 진창용, 성은경), 이도선 공저
이도선(도선국사) 엮음

이코노믹북스

재테크 전쟁,
이제 끝내러 왔다

재테크는 내가 가난했던 어린 시절부터 무척이나 관심을 가진 분야다. 부자가 되기 위해 주식, FX마진(외환차액거래) 등 고위험 상품에서부터 부동산, 펀드, 노후상품인 연금보험까지 안 해 본 공부가 없다. 대다수의 사람들이 재테크에 관심을 두고 있듯이 이 책을 손에 쥔 당신도 재테크를 잘 해 보고 싶은 마음일 것이다.

당신은 재무설계사라 불리는 사람한테 상담도 받아봤을 것이고, 직장 동료와 선·후배와도 재테크에 관한 이야기를 나눴을 것이다. 하지만 재무설계사, 증권PB 등 재테크 전문가라는 사람들을 만나면 결국엔 자신들이 취급하는 하나의 상품을 권유해 준다. 그래서 재테크 상담을 해주는 전문가들은 자신이 세운 재테크플랜에 따라 부자가 되었는가? 또 그 상담을 받은 당신은 정말 부자의 그림이 그려졌는가?

한 TV 프로그램에서 존리 선생님(메리츠자산운용 대표이사)이 나오셨다. 방송MC는 주식을 언제 사서 언제 팔아야 하느냐고 물어봤다. 존리 선생님은 "주식은 파는 게 아니다"라고 대답했다. 그 회사의 가치를 보고 오랫동안 가지고 가라는 뜻이다. 투자를 잘 하는 사람들은 1~2년 단타로 주식이든 부동산이든 하지 않는다. 진짜 부자는 투자의 3원칙인 가치 투자, 분산 투자, 장기 투자의 원칙을 지킨다.

'재테크'란 말 그대로 돈을 굴리는 기술이다. 그러나 돈을 굴리는 기술의 제일 중요한 것은 시간이다. 필자인 나는 '재테크'란 표현보단 '시테크'란 말을 더 중요하게 생각하고 투자를 한다. 어느 투자 상품도 '보유의 힘'보다 강할 수 없기 때문이다.

진짜 부자가 되려면 진짜 부자들을 따라 하면 된다. 그들의 사고와 행동, 심지어는 재테크 방법까지 벤치마킹하는 것이다. 그렇다면 한국 부자들은 재테크를 어떻게 할까?

2019년도 한국 부자들을 대상으로 설문조사한 보고서가 나와 있다. 보고서에 의하면 부자들이 가장 선호하는 재테크 수단은 단연 부동산이다. 필자가 선택한 재테크 수단이기도 하다. 부동산 투자 종목 중에서도 필자가 유독 '토지'를 고집하는 이유는 2가지다.

첫 번째는 진입장벽의 문제다. 아파트 투자는 일반 사람들이 쉽게 접근할 수 있다. 심지어 해당 지역의 한 아파트 단지는 동네 이모님들이 필자보다 더 전문가다. 진입장벽이 낮아 경쟁이 심해 통제할 수 없다. 또한 정부의 규제도 많다. 반면에 토지는 진입장벽이 높으나 상대적으로 규제가 덜하고 내가 직접 통제할 수 있다. 경쟁이 상대적으로 낮으나 진입장벽이 높아 돌아오는 '파이'가 크다.

두 번째는 생산자와 소비자 관점이다. 부동산의 원재료는 토지다. 토지 위에 아파트, 상가, 공장 등을 짓는다. 부동산의 완제품(건물)은 부동산의 원재료(토지)를 가공해서 만든 것이다. 진짜 부자는 생산자이지 소비자가 아니다. 부동산의 생산자가 돼야 진짜 부자가 될 수 있기 때문이다.

많은 분이 필자의 첫 번째 책인 '아파트는 살고 땅은 사라'에 관심을 가져주셨다. 덕분에 부자사관학교 회원 수도 증가했고, 더불어 많은 상담도 이어졌다. 이 책은 '아파트는 살고 땅은 사라'의 완결판이다. 또한 토지 투자의 모든 것이 담겨 있다. 월 300만 원 평생 연금 받는 방법, 평생 연봉 만드는 방법 등 토지 투자로 진짜 부자가 되는 길을 아주 구체적으로 제시해 준다. 당신이 고민하는 재테크 문제, 진짜 부자가 되는 방법 등을 이 책 한 권으로 끝낼 수 있다. 이번 책도 마찬가지로 필자의 자랑거리나 무용담과 같은 이야기를 쓴 책이 아니다. 조금 더 독자들에게 현실적이며 진짜 필요한 정보를 담고 실천만 하면 누구든지 진짜 부자가 되는 정보와 팩트를 담았다.

이번 책은 부자사관학교 마스터과정 회원들과 함께 만든 책이다. 불과 8개월 전에는 당신과 같은 독자였으며 막연하게 부동산에 관심만 있었던 분들이다. 회원들이 하나씩 배워 나가고 작은 실천을 통해 몇 년 후 필자인 나보다 더 멋진 위치와 부를 가지게 될 것이라 믿는다.

진짜 부자가 되고 싶다면 이 책을 끝까지 읽어라. 그리고 평생 소장하면서 지침서로 활용하라. 2만 원도 안 되는 책값이지만 당신의 인생이 확 바뀔 만한 가치가 이 책 속에 담겨 있다. 그것을 깨닫는 시간은 불과 이 책을 읽는 2시간 정도면 충분하다.

CONTENTS

머리말 재테크 전쟁 이제 끝내러 왔다   4

프롤로그 일반 사람은 아파트를 보지만, 진짜 부자는 아파트가 될 땅을 본다   10

PART 1

토지 투자, 생각을 바꾸고 행동하면 운명이 바뀐다

01 토지 투자, 생각보다 어렵지 않다   20

02 사상 최대 규모 토지 보상금 50조? 누구의 것인가   26

03 '치솟은 아파트 값 Vs 쏟아지는 부동산 대책' 우린 이 레벨이 아니다   32

04 앞으로 10년, 확 달라질 GTX시대 철도와 도로망은 어디로 '광역교통 2030'   37

05 내 인생을 송두리째 바꿔 줄 '토지 투자 4가지 컨셉'   55

06 좋은 땅 찾는 방법, 땅아 넌 누구니?   61

07 부동산 투자의 핵심 '입지와 시세 분석 기법'   66

PART 2

CONCEPT 1 # 평생 연봉 만들기 프로젝트

▶▶ **토지개발** Develop Relay Project

01 사람도 땅도 변화하면 가치가 오른다   72

02 좋은 땅부터 찾고 무엇으로 개발할지 결정하라   78

03 개발 가능한 땅, 쉽게 찾는 방법   81

04 농지와 농지개발, 산지와 산지개발   90

05 '평생 연봉 만들기 프로젝트' 이렇게 하면 된다   100

06 토지개발 분석 기법 3W·1H   106

07 사례를 통해 배우는 토지개발 실전 사례   112

08 레버리지와 절세로 수익률을 높여라   118

PART 3

CONCEPT 2 **청약통장 없이 저렴하게 아파트 분양받는 방법**

▶▶ **환지 투자** Land Substitution Project

01 나는 아파트가 될 땅을 찾는다 '도시개발사업 환지換地' 126

02 도시개발사업을 알면 돈이 보인다 137

03 토지 투자의 뉴트렌드 '환지'를 아시나요? 144

04 환지 공동 투자로 청약통장 없이 저렴하게 아파트를 분양 받을 수 있다? 156

05 환지 투자, 가치판단 기준 5가지 166

06 환지 투자 유망 대상지 분석 및 실전 사례 "딱 5년만 묻어 봐!" 170

PART 4

CONCEPT 3 **토지 보상금 받을래? 현금 대신 땅으로 받을래?**

▶▶ **대토보상 및 차익형 투자** Land Provision Compensation Project

01 8년 전 4억에 매입한 땅, 토지 보상금으로 10억 받았다? 182

02 토지 보상금 더 많이 받을 수 있는 방법 190

03 토지수용법을 알면 현금 대신 땅(택지)으로 보상받을 수 있다 196

04 이주자택지 · 협의양도인택지 · 생활대책용지 · 대토보상용지란? 201

05 사례를 통해 배우는 대토보상 및 차익형 투자 실전 사례 210

06 요즘 대박! 그린벨트 내 전망 좋은 카페부지 220

PART 5

CONCEPT 4 **1억 투자로 월 300만 원 평생 연금 받는 비법**

▶▶ **농지연금** Green Project

01 가장 쉽고 확실하고 강력한 농지연금 228

02 이유불문, 나이불문 무조건 알면 유용한 농지 투자 백서 235

03 1억 투자로 월 300만원 평생 연금 받는 비법 242

04 반값 아파트는 어렵고 반값 농지는 쉽다 248

05 포스트 코로나 시대 '농지연금에 디벨롭Develop을 더하다' ▶ 그린 프로젝트 255

에필로그 당신이 도달하지 못한 부동산 투자 최고 레벨, 당신과 우린 레벨이 다르다 263

일반 사람은 아파트를 보지만,
진짜 부자는 아파트가 될 땅을 본다

"소비자가 가난한 다수라면 생산자는 부유한 소수다."
-엠제이 드마코(작가)

당신이 분양받거나 구매한 아파트는 누가 지었는가? 그 땅의 주인은 누구였는가? 당신이 아파트 시장을 기웃거리는 동안, 진짜 부자는 아파트가 될 땅을 보러 다닌다. 정말 부동산으로 돈을 벌고 싶다면 부동산의 완제품이 아닌 부동산의 원재료인 토지를 사라.

과연 토지 투자로 엄청난 부자가 될 수 있을까? 토지 투자를 잘못했다가 낭패를 경험해 본 사람의 이야기를 들었는데, 정말 토지 투자로 인생역전을 할 수 있을지 의문이 드는가? 그렇다면 이 책을 끝까지 읽어보라. 당신의 인생이 송두리째 바뀔 내용이 담겨 있을 것이다.

"땅 팔고 서울로 간 사람들은 망했고, 오랜 기간 땅을 갖고 계속 농사하신 분들은 대박 났어요."

경기도에서 30년 넘게 부동산을 운영하는 '토박이 부동산' 사장님의 말이다. 해당 지역은 도시개발사업이 한창인 곳으로 비록, 땅이 수용[1]됐지만 오랜 기간 보유한 탓에 매입 당시 가격보다 10배나 넘게 보상금이 나왔다. 수년째 토지보상관련 대행 업무를 하는 나의 친구와 담소를 나눌 때도 땅 주인들이 보상을 받아 부자가 됐다는 사례를 종종 듣는다. 아마도 이 책을 읽고 있는 당신도 토지 투자로 엄청난 부자가 되었다는 이야기를 한번쯤은 들었을지도 모른다. 토지는 도로, 철도와 같은 기반시설과 신도시, 산업단지 등 각종 개발호재로 인해 단기간에 몇 배씩 가치가 상승한다. 이것은 토지가 가지고 있는 '희소성'이라는 개별적 특성 때문이다. 한국감정원 부동산시장 분석 보고서에 의하면 연도별 토지가격은 2010년부터 현재까지 연속해서 올랐다.

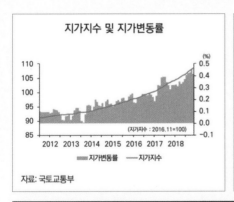

한국감정원. 2019년 부동산시장 분석 보고서

---

1 **토지수용**(土地收用) : 특정한 공익사업을 위하여 법률이 정한 절차에 따라서 국가나 지방자치단체 또는 공공단체가 강제적으로 토지의 소유권 등을 취득하는 일

그러나 토지 투자로 얼마나 벌었는지 정확한 내용을 알 방법은 없다. 토지 투자로 인해서 돈을 벌었다고 공개하게 되면 정말 난감할 테니 말이다.

"국회의원 투기한 땅 평당 5만 원에서 100만 원 실화인가?"

2019년 6월 PD수첩에 방영된 '의원님 농촌 투자백서'를 보면 일반 사람이 생각하지 못한 토지 투자의 비밀이 숨겨져 있다. 10억짜리 땅이 100억이 될 순 있어도 10억짜리 아파트가 100억이 되긴 어렵다. 그렇다고 해서 일반 사람들이 무조건 토지 투자로 엄청난 부자가 된다는 건 더욱 어렵다. 일반 사람들은 접근할 수 없는 알짜 정보망과 자금력이 그들에게 있기 때문이다. 그래서 토지 투자는 진입장벽이 아파트 투자보다 더 높다. 반면에 상대적으로 규제가 적고, 경쟁자도 적어서 잘만 하면 부동산 투자의 새로운 기회가 될 수 있다.

투자 목적을 정하라:
토지 투자는 4가지가 전부다!

진입장벽이 낮을수록 그 길의 유효성은 감소하는 반면 경쟁은 치열해진다. 진입이 쉬우면 경쟁이 치열하고 뛰어드는 사람이 많으며 이들 모두가 하나의 '파이'를 공유한다. 따라서 나에게 돌아오는 몫도 줄어들게 된다. 반면에 진입장벽이 높을수록 그 길은 더 견실하고 튼튼하며 경쟁은 드물고, 전자의 경우에 비해 덜 뛰어나도 살아남을 수 있다.
-엠제이 드마코(작가)

"장벽이 높으니까 포기해야지"가 아니라 "이 산만 넘으면 경쟁자가 없어"라고 생각을 바꾸면 훨씬 쉽고, 더 큰 이익을 얻을 수 있다.

최근 치솟은 아파트 가격에 더 늦으면 내 집 구하기가 어렵다는 인식이 만연하다. 정부의 강력한 주거 안정화 대책에도 불구하고 아파트 가격은 식을 줄 모르고, 너도나도 아파트 시장에 불나방처럼 달려든다. 그렇다면 과연 아파트 투자로 엄청난 부자가 될 수 있을까? 필자인 나는 부동산 아카데미를 운영하는 전문가다. 하지만 지난 겨울 동창생 모임에서 큰 충격을 받았다. 세종시에 사는 한 동창생은 자신이 거주하는 지역의 아파트를 꿰뚫고 있었다. 해당 지역의 아파트 시세, 브랜드, 교육환경, 심지어는 입주자들의 가격 담합까지 정말 모르는 것이 없었다. 적어도 해당 지역의 아파트 시장은 필자인 나보다 전문가였다. 아파트 경매사례를 보면 얼마나 많은 사람과 경쟁해야 하는지 알 수 있다. 아래 그림은 세종시 아파트 경매물건으로 입찰자가 43명, 낙찰가는 무려 171.46%나 된다. 정말 돈이 될지는 모르겠으나 경쟁자가 많다는 것만은 확실하다. 반면에 세종시의 괜찮은 토지의 경매물건은 입찰자가 8명, 낙찰가는 최저 입찰 이전 가격인 70.08%로 상대적으로 경쟁이 덜하다는 것을 알 수 있다.

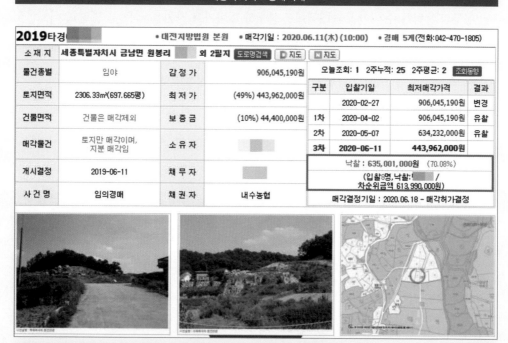

2019타경▨▨▨　　• 대전지방법원 본원　• 매각기일 : 2020.06.08(月)(10:00)　• 경매 1계(전화:042-470-1801)

소재지	세종특별자치시 고운동 1396, 가락마을20단지 ▨▨▨			도로명검색 🅳지도 🅽지도		
새 주소	세종특별자치시 만남로 190, 가락마을20단지 ▨▨▨					
물건종별	아파트	감 정 가	319,000,000원	오늘조회: 1 2주누적: 39 2주평균: 3 조회동향		
대 지 권	61.426㎡(18.581평)	최 저 가	(100%) 319,000,000원	구분	입찰기일	최저매각가격	결과
건물면적	84.99㎡(25.709평)	보 증 금	(10%) 31,900,000원	1차	2020-06-08	319,000,000원	
매각물건	토지·건물 일괄매각	소 유 자	▨▨	낙찰 : 546,969,900원 (171.46%)			
개시결정	2019-11-01	채 무 자	▨▨	(입찰43명, 낙찰:▨▨ / 차순위금액 434,750,000원)			
사 건 명	임의경매	채 권 자	(주)태영에이엠씨대부	매각결정기일 : 2020.06.15 - 매각허가결정			
				대금지급기한 : 2020.07.16			

세종시 아파트 경매 사례

2019타경▨▨▨　　• 대전지방법원 본원　• 매각기일 : 2020.06.11(木)(10:00)　• 경매 5계(전화:042-470-1805)

소재지	세종특별자치시 금남면 원봉리 ▨▨▨ 외 2필지 도로명검색 🅳지도 🅽지도					
물건종별	임야	감 정 가	906,045,190원	오늘조회: 1 2주누적: 25 2주평균: 2 조회동향		
토지면적	2306.33㎡(697.665평)	최 저 가	(49%) 443,962,000원	구분	입찰기일	최저매각가격	결과
건물면적	건물은 매각제외	보 증 금	(10%) 44,400,000원		2020-02-27	906,045,190원	변경
매각물건	토지만 매각이며, 지분 매각임	소 유 자	▨▨	1차	2020-04-02	906,045,190원	유찰
				2차	2020-05-07	634,232,000원	유찰
개시결정	2019-06-11	채 무 자	▨▨	3차	2020-06-11	443,962,000원	
사 건 명	임의경매	채 권 자	내수농협	낙찰 : 635,001,000원 (70.08%)			
				(입찰8명, 낙찰:▨▨ / 차순위금액 613,990,000원)			
				매각결정기일 : 2020.06.18 - 매각허가결정			

세종시 토지 경매 사례

주택은 사람이 거주해야 하는 필수 상품이며 주택 가격이 폭등하면 서민의 주거 생활이 어렵게 되는 공공의 문제가 발생한다. 하지만 내가 산 집값은 반드시 올라야 한다. 그렇다면 '똑똑한 한 채'면 충분하다. 필자의 저서인 '아파트는 살고 땅은 사라'의 본문 내용이다. 규제도 많고 경쟁이 치열한 아파트 시장에 정말 당신의 인생을 송두리째 바꿔 줄 비밀이 숨겨져 있겠는가? 부동산 투자의 여러 종목 중 토지 투자로 생각을 바꾸면 새로운 기회가 된다. 땅을 제대로 알면 변화무쌍한 땅의 특성처럼 당신의 삶도 풍요롭게 바뀔 수 있다.

계획이 실패하는 이유는 목적이 없기 때문이다.
어느 항구로 가야 할지 모른다면 제아무리 순풍이 불어도 소용없다.
-세네카(철학자)

어떤 투자를 할 때는 반드시 목적을 명확히 해야 한다. 투자목적이 없는 투자는 투자를 안 한만 못하다. 실패확률이 높기 때문이다. 토지 투자도 개인의 자금상황, 투자성향 등을 고려하여 목적을 잡는 것이 선행되어야 한다. 당신의 돈이 평생 땅에 묻히길 원하지 않는다면 목적 없는 토지 투자는 절대로 하지 마라. 토지 투자는 투자의 목적별로 토지개발, 환지 투자, 대토보상 및 차익형 투자, 농지연금 4가지가 전부다. 앞으로 이 책을 통해 당신이 알아가야 할 토지 투자의 핵심 포인트다.

토지 투자를 해 본 경험이 있는가? 그렇다면 그 땅은 왜 투자했는가? 토지 투자의 목적이 무엇인가? 필자가 수강생들에게 자주 하는 질문인데, 대부분 답변을 잘 못한다. 단지 교통망이 좋아지고 주변에 산업단지가 들어설 예정이라서 땅값이 오를 것 같다는 생각과 직감뿐이다. 개인의 직감만으로 토지 투자를 하는 것이 얼마나 위험

천만한 발상인가? 아마도 당신은 해당 지역의 각종 개발호재들을 분석하고 땅값이 오를 것이라고 조언을 받았거나 나름대로 계획을 했을 것이다. 그렇게 토지 투자를 했다면 당신은 대한민국 토지 시장에서 영원한 '호갱'일 뿐이다.

사람은 두 가지 방식으로 배운다. 하나는 다른 사람을 통해, 다른 하나는 책을 통해서다.
-짐 로저스(美 로저스홀딩스 회장)

이 책은 필자의 저서인 '아파트는 살고 땅은 사라'의 완결판으로 토지개발, 환지 투자, 대토보상 및 차익형 투자, 농지연금의 4가지 투자 목적을 제시한 실전 토지 투자 종합 바이블이다. 아마도 당신은 시중에 출판된 수많은 부동산 관련 서적과는 차원이 다른 콘텐츠와 유용한 정보가 담겨 있다는 것을 알 수 있을 것이다. 또한 이 책은 규제가 많고 경쟁이 심한 아파트 시장을 초월하여 토지 투자에 처음 입문하는 사람들과 토지 투자를 실패해 본 사람, 그리고 나름대로 토지 투자에 성공해 본 사람, 더 나아가 부동산 투자로 삶을 풍요롭게 바꾸길 원하는 사람들을 위해 집필하였다.

다시 언급하지만, 필자의 책은 다른 부동산 관련 서적들처럼 부동산 투자로 수십억 원을 벌었다거나, 아파트 수십 채를 투자했다고 하는 자신의 영웅담이나 소설 같은 이야기를 늘어놓지 않는다. 부동산 시장의 흐름을 정확히 분석하고, 토지 투자의 유용한 정보와 팩트를 전달하는 실질적인 종합 부동산 투자 지침서다. 높이 오르고 싶어 하는 긍정적이고 진취적인 땅의 특성처럼 이 책을 읽는 독자들이 좋은 땅의 지주地主가 되는 꿈을 현실로 만드는 계기가 되길 진심으로 바란다.

특히 이 책이 완성되기까지 도움을 주신 부자사관학교 마스터반 김선무, 김진수,

진창용, 성은경님에게 수고와 감사의 말씀을 전한다.

자, 그럼 이제 진짜 부자가 되기 위해 대한민국 지주地主의 세계로 떠나자!

이도선(도선국사)

PART 1

토지 투자,
생각을 바꾸고 행동하면
운명이 바뀐다

토지 투자,
생각보다 어렵지 않다

사람들이 꿈을 이루지 못하는 한 가지 이유는 그들이 생각을 바꾸지 않고
결과를 바꾸고 싶어 하기 때문이다.
-존 맥스웰(작가)

아파트 청약을 한다고?

너 혹시 부린이니?

그냥 영끌해서 청무피사!

부린이(부동산 어린이), 영끌(영혼까지 끌어모아), 청무피사(청약은 무슨 그냥 피주고
사) 등 수많은 부동산 신조어가 등장했다. 정부의 고강도 규제 정책에도 불구하고 치
솟은 아파트 시장의 인기를 여실히 보여준다. 식을 줄 모르는 주택 시장의 분위기는
저금리 시대 풍부한 유동자금과 함께 지금 아니면 내 집을 장만하기 어렵다는 인식
에 수요층만 더욱 늘어나고 있다. 정부의 정책 부재로 인한 심각한 정치문제로까지
거론되고 있는 현 시점에서 향후 집값은 어떻게 될까? 집값의 향방이 어떻게 되던 간
에 아파트 시장에는 너무 많은 경쟁자가 있다는 점이 중요하다. 경쟁이 치열하고 뛰
어드는 사람이 많으면 가격에 거품이 생기거나 이들 모두가 하나의 '파이'를 공유해

야 한다. 따라서 나에게 돌아오는 몫이 줄어들게 마련이다. 물론 아파트 가격이 올라 수익을 낸 사람들이 있을 것이다. 하지만 인생을 송두리째 바꿀 만한 엄청난 '부'를 가져다주지 못한다. 이것이 팩트다.

"땅을 가진 자들의 탐욕은 끝이 없으니 이제 운명을 바꾸는 명당의 힘은 그들만의 것인가?"

영화 '명당'에서 나온 말이다. 과거 조선시대에도 땅은 부의 상징이었다. 임금이 내리는 최고의 상이 땅이었으며 땅을 가진 소수의 부자가 나라를 이끌어갔다. 수백 년이 지난 지금도 마찬가지다. 과거와 마찬가지로 소수의 부유층(대기업, 재벌 등)들이 땅을 본다.

부동산 투자의 종류는 아파트, 상가, 건물, 토지 등 정말 다양하다. 아파트 시장은 재개발, 재건축, 분양권, 갭투자 등 여러 방법이 있듯이 토지 투자도 토지개발부터 농지 투자까지 정말 다양한 방법이 있다. 대다수 사람이 주로 선호하는 부동산은 아파트 시장이다. 언론에서 연일 보도되는 것도 대부분 아파트와 관련한 보도 내용이다. 주택은 사람이 거주해야 하는 필수재이면서 누구나 쉽게 정보를 얻을 수 있다. 진입장벽이 낮아서 그만큼 경쟁이 치열하고 나에게 돌아오는 몫도 적게 된다. 반면에, 토지 시장은 그보다는 어려운 분야이다. 어려운 만큼 경쟁자도 아파트 시장에 비해 상대적으로 적고 잘만 하면 큰 이익을 얻을 수 있게 된다. 진입장벽이 높은 만큼 그 장벽만 넘으면 토지 투자의 고수가 될 수 있다. 부동산 투자 종목 중 토지 시장의 매력은 엄청난 부자가 될 수 있다는 점이다.

산을 넘어야 부자가 될 수 있다. 산을 넘기 위해선 시간과 정성을 쏟아야 한다. 오직 하나의 산을 넘으면 많은 것을 보고, 느끼고, 소유하게 된다. 산을 넘기 위해 시장에 진입하고 시간과 정성을 쏟는다면 언젠가 당신도 모르는 사이에 '용기'가 생기고, 토지 투자를 통해 큰 부자가 될 수 있다. 이 책은 그 어렵다는 토지 투자를 더욱 쉽고 빠르게 성공의 길로 안내할 것이다.

토지 투자는 4가지가 전부다. 투자 목적별로 토지개발, 환지 투자, 대토보상 및 차익형 투자, 농지연금으로 구분한다. 위 4가지 중 자신의 경제 상황과 투자 성향 등을 고려하여 목적에 적합한 토지에 투자하면 된다. 맹목적인 토지 투자는 금물이다. 오직 자신의 투자 목적에 부합되어야 한다. 혹시 지금까지 이 방법을 모르고 토지 투자를 했다면 수정하거나 다시 공부해서 재투자하라. 다행히 아직 토지 투자를 고려하고 있다면 이 책을 통해 방법을 숙지하고 공부해서 투자하라. 충분히 공부하고 해도 늦지 않다.

생각을 바꾸고 행동하면 운명이 바뀐다. 시중에는 부자와 관련된 재테크, 경제경영 도서들이 정말 많다. 그 책들 속에는 공통된 내용이 있는데, '부자가 되려면 부자의 방법대로 따라 하라'는 말이다. 대부분 알고 있는 사실이지만 쉬운 일이 아니기 때문에 대다수 사람이 부자가 될 수 없다. 적어도 부동산 투자를 통해 진짜 부자가 되고 싶다면 진짜 부자들은 어느 곳에, 또 어떤 것에 투자해서 부자가 되었는지 살펴보라. 필자는 토지 투자가 가장 쉽다. 경쟁자도 적은 데다가 특별한 규제도 없다. 이 책을 정독하고 잘 따라 하면 당신도 토지 투자가 가장 쉬워질 것이다.

혹시 토지는 장기 투자라고 생각하는가? 큰돈이 있어야 한다고 생각하는가? 절대 그렇지 않다. 토지개발을 알면 단기간에 내 재산을 2배 이상 만들 수 있다. 토지개발 노하우를 익히면 평생토록 재산을 늘려 갈 수 있다. 또한 도시개발사업 환지 투자를 알면 소액으로도 충분히 가능하고, 대토보상 및 차익형 투자를 통해 단기간에 시세

차익을 얻을 수 있을 뿐만 아니라 좋은 사업지에 택지를 공급받을 수도 있다. 특히 농지연금을 활용한 농지 투자를 통해 가치 상승과 더불어 풍요로운 노후를 설계할 수 있다. 토지 투자는 이처럼 투자의 목적을 명확히 하면 성공 가능성이 커진다. 앞으로 다루게 될 토지개발, 환지 투자, 대토보상 및 차익형 투자, 농지연금의 4가지 컨셉별 전략만 알면 토지 투자는 마스터하게 된다. 다소 어려운 내용들이지만 토지 투자에 처음 입문하는 사람도 보다 쉽게 이해할 수 있도록 최대한 풀어서 설명하였다. 진짜 부자의 대열에 합류하기 위해 토지 투자의 진입장벽을 넘어서기 바란다.

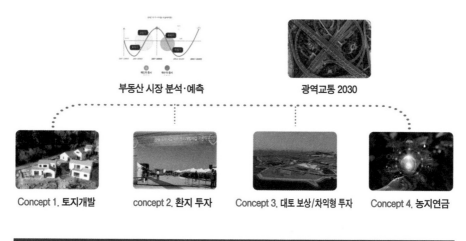

토지 투자 4가지 컨셉별 전략

이 책이 출판되고 나만의 노하우가 많은 사람에게 공개되게 되면, 경쟁자가 많이 생겨난다. 이미 도선국사TV 유튜브를 통해 환지 투자, 농지연금 등에 관한 내용이 공개되어 토지 경매 시장에서 낙찰받기가 어려워졌다. 하지만 언제든 시장은 움직이고 손 바뀜도 일어난다. 문제는 '타이밍'이다. 필자의 토지 투자 컨셉과 노하우가 가급적 많은 사람들에게 좋은 땅을 보는 눈을 키워 준다는 것에 보람도 느끼고, 필자 역시 한 단계 성장하는 계기가 될 것이라 믿는다.

얼마나 좋은 입지인가?

얼마나 싸게 매입했는가?

얼마나 많이 확보했는가?

얼마나 오래 보유했는가?

토지 투자에 성공하는데 필요한 전략은 간단하다. 토지를 싸게 매입하여 용도를 바꿔 가치를 높이거나, 좋은 입지의 땅을 매입하여 환경 변화를 선점하거나, 많은 토지를 확보하여 이익 규모를 키우거나, 아주 오랜 시간을 버티고 기다리는 방법이다.

토지가격의 상승률은 일반적인 인플레이션을 상회한다. 위기 상황에도 가장 흔들림이 적으며, 일반적인 경기 상황에도 꾸준하게 상승해 왔다. 서울, 수도권 아파트 가격이 좋지 않았던 2011~2013년에도 토지가격은 상승했다. 이는 신규 개발이 활발하게 이루어지는 특정 지역만의 이야기가 아니다. 별다른 개발에 관한 이슈가 없더라도 주택 가격이 상승하는 대부분 지역에서 같은 현상이 나타난다. 2000년대 이후 아파트 가격의 지역별 상관관계는 깨졌지만, 토지가격의 추이는 여전히 높은 상관관계를 보인다. 이는 아파트 가격은 장기적인 사이클이 아닌 지역별 개별 이슈가 중요하지만 토지는 전체 경기 사이클과 인플레이션, 인구 성장 등 종합적인 이슈에 영향을 받고 있다는 뜻이다. 아주 극단적인 디플레이션(명목 가격이 마이너스 성장률을 보이는 경우)이 아니라면 토지 소유자는 언제나 수익을 쌓아두고 있는 셈이다.

토지 투자에 성공하려면 최우선으로 선행되어야 할 것이 명확한 투자 목적을 갖는 것이다. 자신의 경제상황과 투자 성향을 고려하여 토지 투자의 4가지(토지개발, 환지 투자, 대토보상 및 차익형 투자, 농지연금) 투자 목적 중 가장 적합한 컨셉을 정하라. 두 번째는 "좋은 토지를 어떻게 확보할 것인가?"에 달려 있다. 토지를 얼마나 싸게 매입 하고 많은 토지를 확보하느냐가 마진을 결정하고, 토지의 입지를 얼마나 잘 보느냐 가 환금성과 미분양 등에 따른 비용을 통제한다. 따라서 이 책은 앞으로 당신이 명확 한 투자 목적을 설정하고 좋은 토지를 확보하는데 구체적인 로드맵을 줄 것이다. 이 책의 내용을 다 익히고 나면, 당신은 부동산 투자에 있어 레벨이 다른 사람이 되어 있 을 것이라 확신한다.

실전꿀팁!

부동산 투자 폭락이 기회! 타이밍을 잡아라

투자의 성패는 '타이밍'에 있다. 아마추어는 열매가 무르익었을 때 비싼 값을 주고 사서 먹는다. 하지 만 프로는 열매가 썩어서 땅에 떨어졌을 때 그 나무를 싼값에 산다. 결국 썩은 열매는 거름이 되어서 또 다시 싱싱한 열매를 맺는다. 이미 거품이 생겼을 때 '호갱'이 되어 버린 투자자를 일명 '개미투자자'라 부른다. 당신은 프로인가? 아마추어인가?

사상 최대 규모 토지 보상금 50조? 누구의 것인가

가난한 사람들은 공통적인 행동 때문에 실패한다.
그들의 인생은 기다리고 망설이다 끝이 난다.
-알리바바 마윈 회장

현 정부는 지금까지 모두 77만 호의 상당한 물량의 주택 공급을 발표했지만 부족하다는 인식이 여전하다. "발굴해서라도 추가로 공급 물량을 늘려라" 최근 문 대통령이 국토교통부 장관으로부터 부동산 대책 관련 긴급 보고를 받고 지시한 내용이다.

2021년 말까지 전국에서 50조 원 가까운 토지 보상금이 풀릴 가능성이 제기됐다. 특히 남양주 왕숙, 하남 교산 등 3기 신도시가 위치한 수도권 보상금만 무려 40조 원에 달한다. 전문가들은 이 보상금이 모두 시중에 풀리면 유동성에 불을 지펴 수도권 집값은 물론, 인근 땅값을 자극할 것으로 우려하고 있다.

다만 국토교통부는 "3기 신도시 등 보상금을 받는 현지 주민들과 지속해서 협의하며 대토보상(현금이 아닌 토지로 보상하는 것) 비율을 절반 이상으로 높일 예정이라 시중에 풀리는 자금이 적을 수도 있다."라고 말을 하고 있다. 대토보상 비율을 높인다고 하더라도 이른 시일 내에 현금화를 하고 싶어 하는 토지 소유자가 과반이 넘어 이중에서 절반만 풀려도 무려 25조 원 가량이 시중에 풀리게 된다.

수도권 신도시(1기~3기) 위치·현황 / 국토교통부

'토지 보상금 50조 원'이라고 하니, 느낌이 안 올 것이다. 2009년 4대강 사업에 지급한 예산이 34조 8,554억 원, 코로나19로 인해 전 국민에게 재난지원금을 지급했던 정부의 2차 추경예산은 10조 8,718억 원인 점을 감안하면 엄청난 금액이 토지 보상금으로 풀리게 되는 셈이다.

토지 보상 및 부동산 개발정보 플랫폼 '지존'에 따르면 올 하반기부터 내년 말까지 전국에서 토지 보상금 49조 2,125억 원이 풀릴 전망이다. 이 중 3기 신도시 공공주택지구·도시개발지구 등 117곳에서 토지보상금 45조 7,125억 원이 지급된다. 또 도로·

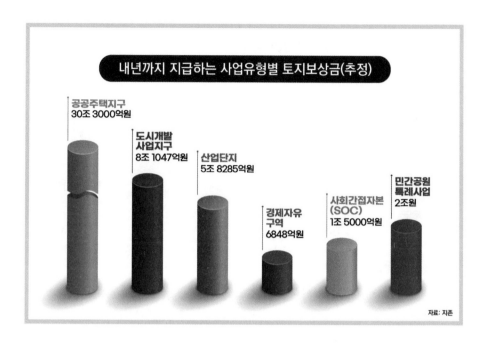

내년까지 지급하는 사업유형별 토지보상금(추정)

공공주택지구
30조 3000억원

도시개발
사업지구
8조 1047억원

산업단지
5조 8285억원

경제자유
구역
6848억원

사회간접자본
(SOC)
1조 5000억원

민간공원
특례사업
2조원

자료: 지존

철도 등 사회간접자본^{SOC}에 대한 토지 보상금은 1조 5,000억 원, 민간공원 특례사업에서는 2조 원 넘는 토지 보상금이 풀리는 것으로 집계됐다. 특히 수도권에서만 풀리는 자금 40조 5,859억 원은 전체 토지 보상금 중 80% 이상으로 조사가 시작된 2013년 이후 처음이다. 3기 신도시 토지 보상금이 주를 이룬다.

토지 보상금 50조, 그 돈을 받는 사람은 누구인가? 바로 땅 주인들이다. 땅을 소유해야만 보상금을 받거나 사업지구 내 조성된 택지로 받을 수 있다.

KB금융에서 조사한 '2019년 한국부자 보고서'에 따르면 부자가 현재 부를 이룰 수 있었던 가장 주된 원인은 첫 번째가 사업소득, 두 번째는 부동산 투자로 조사됐다. 사업을 통해 돈을 벌고 모아둔 종잣돈으로 부동산에 투자하여 수익을 얻는다는 것이 핵심이다.

국토교통부 개인 토지 소유현황을 보면, 국민 10명 중 3명은 '땅주인'인 것으로 나타났다. 즉, 국민 30% 정도만이 땅을 가지고 있고, 그 중 상위 10%가 전 국토의 50% 이상을 차지하고 있다. 만약 당신이 한 평의 땅이라도 가지고 싶다면 우선 종잣돈을 모으고 상위 30%에 들고, 또 상위 10% 안에 포함되도록 노력하길 바란다.

'투자처 찾지 못한 부동자금 1,100조 원 역대 최대' 얼마 전 뉴스에 보도된 내용이다. 저금리 기조와 코로나19 사태 속에서 마땅한 투자처를 찾지 못한 자금이 역대 최

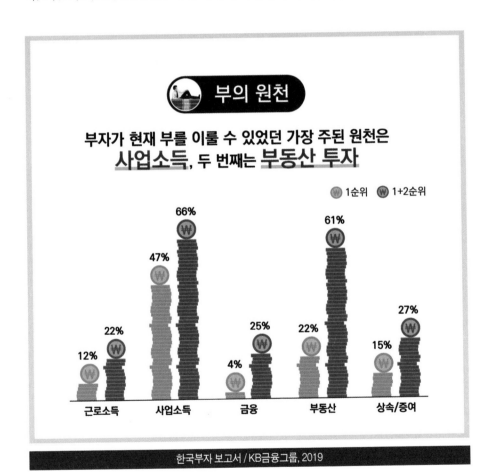

부의 원천

부자가 현재 부를 이룰 수 있었던 가장 주된 원천은
<u>사업소득</u>, 두 번째는 <u>부동산 투자</u>

Ⓦ 1순위   Ⓦ 1+2순위

근로소득	사업소득	금융	부동산	상속/증여
12% / 22%	47% / 66%	4% / 25%	22% / 61%	15% / 27%

한국부자 보고서 / KB금융그룹, 2019

대인데, 제아무리 대출을 막는다고 해도 현금 부자들은 아파트를 산다. 아마도 정부의 임대사업자 혜택이 틈새로 작용하여 다주택자를 양성하게 된 결과로도 분석된다. 특히 코로나19 상황이 지속되다 보니 정부가 역대 최대 규모의 추경 예산을 편성하고 돈을 시중에 풀고 있다. 이렇게 시중에 풀린 자금은 어디로 가겠는가?

돈이 풀리는 지역과 종목에 투자하는 것은 안정성과 수익성을 보장한다. 역대 최대 규모의 부동자금과 토지 보상금은 투자의 기회가 된다. 아파트 가격이 오르고 분양 시장이 호황이면 건설사나 디벨로퍼는 아파트를 지을 땅을 찾는다. 통상 해당 지역의 주택가격이 오르면 그 다음으로 땅값이 오르는 것이 일반적이다. 정부의 대규모 신도시 조성 사업은 도로, 철도 등 기반시설SOC을 확충하게 되고, 신도시 주변의 교통 호재로 인해 사업성이 확보된 시가화예정용지는 미니 신도시 조성 사업(도시개발사업)이 본격화된다.

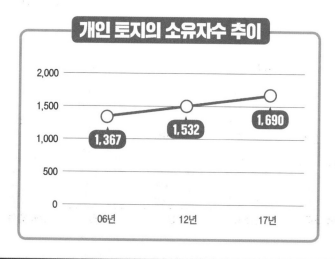

개인 토지의 소유자수 추이

개인 토지 소유 현황 / 국토교통부, 2018

바로 지금이 10년 만에 찾아 온 토지 투자의 기회다. 주저하고 망설이다가 기회를 놓치면 땅을 치고 후회하지 않겠는가? 당신이 먼저 해야 할 일은 진짜 부자가 되기 위해 토지 투자를 하겠다고 다짐하는 것이다. 그 다음에는 좋은 땅을 고르는 기술을 하나씩 배워나가면 된다.

위기는 기회를 가장하고 찾아온다! 포스트 코로나 그 이후

GM사태로 제조업 위기에 몰린 '군산'을 교훈삼아라.
2018년 1분기 현대중공업 군산조선소 장기휴업 사태와 GM자동차 군산공장 가동중단 사태 등 잇따른 악재로 인해 군산지역 땅값과 집값이 폭락했다.
군산지역은 정부의 새만금 개발호재로 인해 한때 인기가 급상승했던 지역이다. 인기가 절정이었을 때 투자를 했던 사람들은 어떻게 됐을까?
그러나 최근 군산지역은 2019년 12월 땅값이 0.13% 내렸지만 2020년 1월 0.07% 오르며 하락을 멈추고 오름세로 돌아섰다. 최근에는 강소연구특구로 지정돼 기대감이 상승하면서 군산을 다시 주목하고 있다.

① 최근 전국에서 땅값이 유일하게 폭락한 지역은 어디일까?
② 심상치 않은 부동산 시장 분위기! 미래가치 높고 저평가된 투자처는 어디일까?

03 '치솟은 아파트 값 Vs 쏟아지는 부동산 대책' 우린 이 레벨이 아니다

이 젊은 부자들은 모두 생산자이자
시간을 가장 중요한 가치로 생각하는 사람들이다.
-엠제이 드마코(작가)

"땅을 알면 아파트는 껌이다." 대다수 사람과 대부분의 공인중개사 역시 아파트를 본다. 다시 말하지만 부동산의 원재료는 땅이다. 토지 위에 아파트도 짓고, 상가도 짓고, 공장도 짓는다. 그들이 입지분석을 통해 토지를 매입하고 분양을 하고, 분양대금을 받아 건물을 지어서 차익을 남긴다. 실제 개념은 아파트 값이 오르는 것이 아니라 땅값이 오르는 것이다. 건물은 시간이 지나면 노후화되고 감가상각이 되기 때문이다. 지난 30년간 서울의 아파트 가격은 5배 넘게 올랐지만 서울의 땅값은 50배 올랐다. 생각해 보면 토지 투자는 아주 간단하다. 그냥 서울의 땅을 사서 보유하면 된다.

부동산의 완제품인 아파트를 공부하기 전에 땅을 알면 아파트 분석은 쉽다. 우리가 토지 분석을 할 때 가장 중요한 요소로 '미래가치가 높고 저평가된 지역'을 중심으로 찾는다. 아파트 분석도 이와 같다. 교통망이 신설되거나 확충되고, 개발계획 등을 분석하는 것이 부동산 투자 분석의 기본이다. 이것을 입지분석이라고 하는데, 아파트를 분석하는 수준 그 이상이 토지 분석이다.

2018년 겨울에 한 수강생이 수도권에 적당한 아파트 투자처를 찾던 중 경기도 일산 킨텍스 꿈에그린 주상복합 아파트를 문의했었다. 이 아파트의 분양가는 5억 후반대로, 2016년 분양 당시보다 2억 이상 프리미엄이 붙어 있었다. 프리미엄이 높게 형성되어 구매를 결정하기가 어려웠는지 개인적인 의견을 물어본 것이다. 아파트를 실거주하면서 투자가치도 있기를 바랐던 수강생에게 GTX역세권에 대한 미래가치를 물었다. 당연히 대답도, 이해도 하지 못했다. 해당 아파트는 GTX킨텍스역이 신설되는 역세권 중 초역세권 단지다. 또한 아파트 주변에는 CJ라이브시티(K-컬처밸리), 일산테크노밸리, 고양방송문화단지 등 개발호재가 많다. 나는 투자를 고민하는 수강생에게 아주 단순하게 설명해줬다.

"GTX가 개통되면 강남 삼성역까지 20분대로 도달이 가능해져 현재 90분이 소요되던 것에 비해 4배 이상 단축할 수 있게 됩니다. 그렇다면 땅값도 4배 이상 오르는 것이 당연한 것 아닌가요?"

나의 대답은 간결했다. 수강생은 당시 매입을 결정하였고 해당 아파트의 가격은 1년 5개월 만에 3억 이상 올라 10억 정도에 거래되고 있다. 전체적으로 수도권 아파트 가격이 오른 이유도 있지만 해당 아파트는 아파트 시장이 정부의 규제 정책 등으로 잠시 주춤한 때도 꾸준하게 올랐다. 이것이 GTX역세권의 힘이다. 앞으로도 GTX역세권 단지는 정부의 규제정책, 외부의 영향에도 변함없이 지속해서 상승하게 될 것이다. GTX역세권에 대한 분석과 논리적 근거는 나의 책인 "아파트는 살고 땅은 사라"에 자세히 설명되어 있다.

교통망 개통으로 서울과 접근성이 좋아져야 한다. 특히 서울 강남과 접근성이 좋아지는 교통망이 신설되거나 확충되면 그 이동속도만큼 땅값은 오른다. 땅값이 오르기 때문에 토지 위에 정착물인 아파트 가격도 오르는 것이다. 따라서 앞으로 10년, 대한민국의 광역교통망 계획은 어떻게 바뀔 것인지 알아보는 일은 굉장히 중요한 일이다. 교통망을 알면 개발 축을 알 수 있고 개발 축을 알면 돈의 흐름을 잡을 수 있다.

최근에 아파트 가격이 급상승하고 이에 따라 정부에서는 부동산 규제 정책을 내놓고 있다. 투기수요 억제와 공급량 확대 정책까지 나오고 있지만 아파트를 사고 싶어 하는 사람들의 심리는 식을 줄 모른다. 쏟아지는 규제 정책에 시장은 혼란에 빠졌다. 반면에 토지는 규제가 덜하다. 세금 관련 정책도 주택에 해당하는 것이지 토지를 사업으로 하거나 농·어촌 주택에 대해서는 바뀐 것이 없다. 규제가 많으면 먹을 것이 별로 없다. 부동산뿐만 아니라 비즈니스도 규제가 많으면 성장이 어렵다.

지식보다 중요한 투자 마인드와 지혜

당신은 이 책을 읽기 전 경매 학원이나 부동산 아카데미 등을 통해 지식을 쌓았을 것이다. 물론 이 책도 투자에 필요한 여러 가지 지식과 노하우를 담고 있다. 그렇다면 당신이 쌓은 지식만큼 투자를 통해 돈이 쌓였는가? 아마도 대다수 사람은 지식을 쌓는 일은 좋아한다. 하지만 지식에는 한계가 있다. 지식은 경험이 수반돼야 지혜로 발휘된다. 부자는 비즈니스를 함에도, 재테크에서도 지혜롭다. 자신이 배운 지식을 통해 경험을 쌓는다. 때론 실패도 하고 성공도 하면서 말이다. 하지만 일반 사람들은 실패에 대한 두려움이 앞서 경험을 쌓기가 쉽지 않다. 한번 실패하면 평생 기회가 없을 것 같기 때문이다. 종잣돈 5천만 원이 전부인데 한 번의 실패로 다시 기회를 잡기가 어려워진다는 두려움, 그 두려움이 '지혜의 길'에 발목을 잡는다. 직접 경험이 어렵다면 간접 사례를 통해 경험하는 방법도 있다. 주변에 사람들의 성공한 투자 사례는 좋은 길잡이가 된다. 직접 경험이든 간접 경험이든 경험을 쌓으려면 투자 마인드가 중요하다. 진짜 부자가 되고 싶다면 진짜 부자처럼 생각하고 행동해야 한다. 재테크도 부자처럼, 비즈니스도 부자처럼 말이다.

진짜 부자는 생산자이지 결코 소비자가 아니다. 모든 것은 내가 사서 가공하고 그 가공한 상품을 소비자에게 판다. 이것이 진짜 부자의 투자 마인드다. 아파트 가격이 올라 돈을 벌었다고 해서 진짜 부자가 될 수 없다. 진짜 부자는 그 아파트를 만든 사람이기 때문이다. 당신이 소비자 시장에서 기웃거리고 있는 동안 진짜 부자는 당신이 사고 싶어 하는 집을 만든다.

식재료가 비싼가?　　**잘 차려진 밥상**이 비싼가?

부동산의 원재료
(토지)

부동산의 완제품
(건물)

부동산의 원재료는 토지다. 좋은 식재료를 사는 것은 좋은 땅을 찾는 일이며, 좋은 제품으로 만드는 것은 좋은 땅으로 변화시키는 것과 같다. 좋은 땅을 찾는 방법과 좋은 땅으로 변화시키는 방법을 아는 것은 진짜 부자가 되는 기술을 가진 것이다. 그 기술은 절대 탁월하지 않다. 진짜 부자가 되고 싶어 하는 열정만 있다면 당신은 누구보다 빠르고 쉽게 부자가 될 수 있다.

아파트는 내가 직접 가치를 올릴 수 없지만 땅은 스스로 가치를 올릴 수 있다.

아파트는 경기 상황과 외부의 여러 가지 요소로 인해 가격이 상승한다.

땅은 원형지 그대로 두어도 지역 바람이 불면, 기대심리에 의해 땅값이 상승한다. 하지만 바람이 언제 어디로 불어올지 알 수 없으므로 땅을 직접 개발하여 자신의 땅의 가치를 올린다. 땅을 개발하면 용도가 변경돼 땅값이 상승한다. 땅의 변신으로 땅값이 상승하는 것이다.

땅의 변신 중 지목과 형질변경은 땅주인인 내가 직접 해당 지자체에 인·허가를 받아 변경하면 된다. 반면에 용도변경은 땅주인인 내가 신청하는 것이 아니라 국가나 지자체에서 도시관리계획 변경으로 변경되는 것이다.

04 '앞으로 10년, 확 달라질 GTX시대' 철도와 도로망은 어디로 '광역교통 2030'

"혹여 벼슬에서 물러나더라도 한양(漢陽) 근처에서 살며 안목을
떨어뜨리지 않아야 한다. 이것이 사대부 집안의 법도이다.
내가 지금은 죄인이 되어 너희를 시골에 숨어 살게 했지만, 앞으로 반드시
한양의 십 리 안에서 지내게 하겠다. 분노와 고통을 참지 못하고
먼 시골로 가버린다면 어리석고 천한 백성으로 일생을 끝마칠 뿐이다."
-다산 정약용(하피첩 中에서)

부동산의 생산자가 되기로 마음먹었다면 부동산의 수요층을 잡아야 한다. 부동산의 수요층은 투기적 수요인 제3수요와 실수요로 구분된다. 실수요는 이사를 하고자 하는 이전수요와 신혼부부, 청년과 같은 신규수요로 나뉜다.

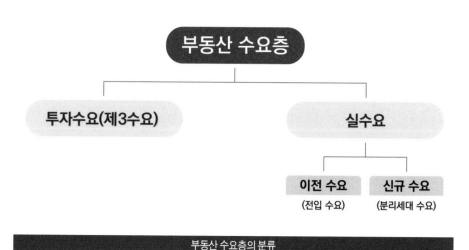

부동산 수요층의 분류

길이 뚫리면 사람이 몰린다. 철도망과 도로망이 신설되거나 확충되는 지역에서는 단계별로 수요층이 몰리게 된다. 우리는 그것을 예측하고 판단하여 남보다 빠른 정보로 선점한 후 수요층을 잡아야 한다.

'미래가치'란 말을 들어봤을 것이다. 부동산의 미래가치를 쉽게 한마디로 말하면 철도망과 도로망이다. 지금은 주요 도심과의 접근성이 열악하나 향후 철도와 도로망이 신설, 확충됨으로써 도심 접근성이 좋아지는 지역을 미래가치가 높은 지역이라고 말한다. 통상 부동산의 가치 상승은 발표, 착공, 개통단계의 3단계에 걸쳐 올라간다. 앞으로 10년, 주요 교통망은 어디로 갈까?

국토교통부는 2019년 10월 31일 '광역교통 비전 2030'을 발표했다. 친절하게도 앞으로 10년 간 투자의 길을 제시해 준 것이다. '광역교통 2030'을 통해 도로와 철도가 획기적으로 발달하게 되면 부동산 시장 또한 엄청난 변화가 다가오게 된다. 결국 2030년까지 부동산 가격 상승에 대한 밑그림을 정부가 그려 준 셈이다. 특히 수도권 주택시장은 GTX 역세권 단지와 함께 복합환승센터 개발계획이 있는 지역으로 쏠림현상이 더욱 높아질 것으로 보인다. 또한 토지시장은 도로망과 철도망이 확충되면서 수도권 외곽지역의 저평가된 토지시장에 대한 관심도가 높아질 것이다. "모든 길은 로마로 통한다. 부동산의 돈은 강남으로 흐른다." 따라서 강남 접근성이 좋아지는 곳 중에서 저평가된 지역을 찾아서 선점해야 돈을 벌 수 있다.

수도권광역급행철도 GTX Great Train Express

수도권광역급행철도 GTX-A노선은 2023년, 신안산선은 2024년 계획대로 차질없이 준공하고, GTX-B·C노선은 조기 착공을 적극적으로 추진할 것으로 밝혔다. 추가로, 급행철도 수혜지역 확대를 위해 수도권 서부권 등에 신규노선도 검토할 계획이

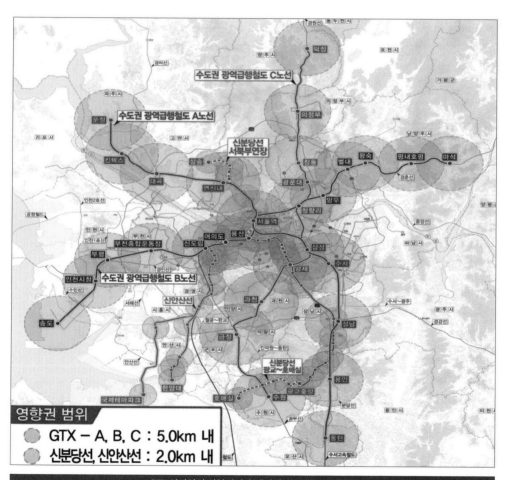

GTX 신안산선 신분당선 수혜지역 범위 (국토교통부)

다. 서부권 급행철도 신규노선에 대해서는 가칭 GTX-D노선이라 불리면서 많은 관심을 보였다. 앞으로 구체화할 이 노선은, 현재 GTX노선의 수혜지역 범위 밖의 지역인 김포 한강신도시-인천 검단신도시-계양신도시, 대장신도시 등이 검토될 것으로 예상한다. GTX역세권 단지들이 가치가 올랐던 만큼 향후 신규 발표될 서부권 급행철도 신규노선(가칭 GTX-D)에 대해서도 주목해야 한다. 정부는 수도권 광역급행철도를 간선축으로 철도중심의 대중교통망을 확충하기로 하였으며, 각 권역별 광역철도망 계획을 살펴보면 다음과 같다.

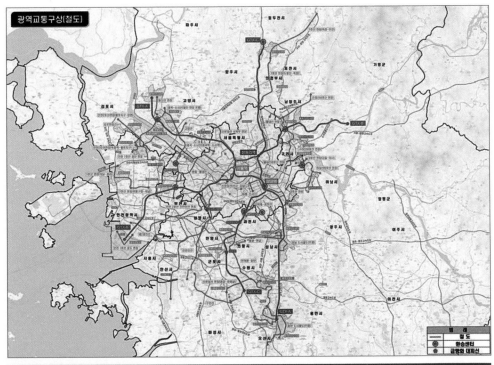

수도권 광역철도구상 (국토교통부)

동북권 광역교통 구상

- 서울 도심을 30분 이내로 연결하는 광역급행
  철도망 조속 구축(GTX-B·C)
  - 남북방향 철도망 보완으로 한강 이남지역 접근성 제
    고(7·8호선 연장 등)
  - 구리·남양주축 철도서비스 확대를 위한 철도 확충
    검토

- 간선도로 상습정체 해소를 위해 외곽순환 복
  층화 검토(판교~퇴계원) 및 제2순환 조속 완공

- 연계교통 강화를 위해 S-BRT 신설(왕숙) 및 환승센터 구축(덕정·별내역 등)

구분	사업명	사업구간	연장(km)	추진현황	향후계획(안)	비고
동북권	GTX-B	마석~송도	80.1	'19.8 예타통과	'22 착공	구리·남양주축 보완
	GTX-C	덕정~수원	74.2	기본계획 수립 중	'21 착공	의정부축 보완
	진접선 (4호선 연장)	당고개~진접	14.9	공사 중	'21 준공	구리·남양주축 보완
	별내선 (8호선 연장)	암사~별내	12.9	공사 중	'23 준공	구리·남양주축 보완
	별내선 연장	별내~진접	3.2	왕숙지구 광역교통 개선대책 수립 용역 중 (광역교통개선 분담금 등 활용)	예타 등을 거쳐 조치	왕숙 광역교통개선대책
	7호선 연장	도봉산~옥정	15.3	설계 중	'19.下 착공	의정부축 보완
		옥정~포천	19.3	사업계획 적정성 검토 중	'19.下 기본계획 수립 착수	의정부축 보완
	구리선 (6호선 연장)	신내역~구리역	4	예타 중	예타 결과에 따라 조치	구리·남양주축 보완
	S-BRT (타당성 검증)	다산역~GTX-B역~풍양역	10	왕숙지구 광역교통개선대책 수립 용역 중 (광역교통개선 분담금으로 추진)		왕숙 광역교통개선대책
	환승센터	별내역	-	설계 중 (국비 미투입)	'22 준공	별내 광역교통개선대책
		덕정역	-	구상중 (국비 미투입, LH)	'22 착공	양주 광역교통개선대책

동남권 광역교통 구상

- 외곽지역을 빠르게 연결하는 급행간선망 구축(GTX-A, 인덕원~동탄 등)

  - 신도시 개발 등 생활권 확대에 맞춰 도시철도 연장 (3·5호선 하남 연장 등)

- 간선도로 확충으로 경부고속도로 등의 교통량 분산(구리-세종, 오산-용인 등)

- GTX 수혜권 확대를 위해 신시가지를 트램(동탄, 성남), BRT로 연결

  - 편리한 연계교통을 위해 환승센터 구축(청계산입구역, 선바위역 등)

구분	사업명	사업구간	연장 (km)	추진현황	향후계획(안)	비고
동남권	GTX-A	운정~동탄	83.1	공사 중	'23 준공	성남축 보완
	하남선 (5호선 연장)	상일동~창우동	7.7	공사 중	'20 준공	하남축 보완
	인덕원~동탄	인덕원~동탄	37.1	설계 중	'21 착공	성남축, 과천/안양축 보완
	위례~신사선	위례중앙~신사	14.7	민자사업 제3자 공고 중	'22 착공	위례 광역교통개선대책
	신분당선 연장	광교~호매실	11.1	예타 중	예타 결과에 따라 조치	광교·호매실 광역교통개선대책
	위례~과천선	복정~경마공원	15.2	사전타당성 조사 용역 중	예타 등을 거쳐 조치	하남축과 과천/안양축 연결
	3호선 연장 (타당성 검증)	오금~덕풍	10	교산지구 광역교통개선대책 수립 용역 중 (광역교통개선 분담금으로 추진)		교산 광역교통개선대책
	9호선 연장	강일~미사	1.4	서울시 도시철도망 구축계획(안)에 선행구간(고덕~강일) 반영 검토 중	예타 등을 거쳐 조치	하남축 보완
	신분당선 용산~강남	신사~강남 (1단계)	2.5	공사 중	'22 준공	성남축 보완
	동탄 도시철도 (트램)	반월~동탄2	32.3	사전타당성 조사 용역 중	용역 결과에 따라 예타 등을 거쳐 조치	동탄 광역교통개선대책
	성남 도시철도 (트램)	판교~정자역/ 운중동	13.7	예타 중	예타 결과에 따라 조치	성남축 보완
	환승센터	삼성역	-	실시계획 중	'19 착공	성남축 보완
		강일역	-	사전타당성 조사 용역 중	용역 결과에 따라 예타 등을 거쳐 조치	하남축 보완
		선바위역	-	과천지구 광역교통개선대책 수립 용역 중 (광역교통개선 분담금으로 추진)		과천 광역교통개선대책
		청계산입구역	-	사전타당성 조사 용역 중	용역 결과에 따라 예타 등을 거쳐 조치	성남축 보완

서남권 광역교통 구상

- 도심방향 광역급행망 확충(GTX-B·C, 신안
  산선)

  - 생활권 확대에 맞추어 도시철도 연장(인천 1호
    선 송도연장, 7호선 청라 연장 등)

  - 급행철도 확대(월곶~판교, 경부선급행화 등) 및
    동서방향 전철도 확충 검토 (제2경인선, 인천2호
    선 연장 등)

- 간선도로 상습정체 해소를 위해 외곽순환
  복층화 검토(서창~김포) 및 제2순환 조속
  완공

- 신도시 접근성 및 환승편의 제고를 위한 S-BRT 신설
  (부천대장 등) 및 환승센터 구축(부천종합운동장역 등)

구분	사업명	사업구간	연장 (km)	추진현황	향후계획(안)	비고
서남권	GTX-B	마석~송도	80.1	'19.8 예타통과	'22 착공	인천/부천축 보완
	GTX-C	덕정~수원	74.2	기본계획 수립 중	'21 착공	과천/안양축 보완
	신안산선	안산·시흥~여의도	44.6	'19.9 착공	'24 준공	광명축 보완
	월곶~판교선	월곶~판교	34.1	설계 중	'21 착공	광명축과 성남축, 과천/안양축 연결
	수인선	수원~한대앞	19.9	공사 중	'20 준공	과천/안양축 보완
	원종~홍대선	원종~홍대입구	16.3	사전타당성 조사 용역 중	예타 등을 거쳐 조치	인천/부천축 보완
	인천 2호선 연장	인천대공원역~신안산선	미정	사전타당성 조사 용역 중	예타 등을 거쳐 조치	광명축 보완
	인천 1호선 송도 연장	동막역~송도랜드마크시티역	7.4	공사 중	'20 준공	인천/부천축 보완
	7호선 연장	부평구청역~석남동	4.2	공사 중	'20 준공	인천/부천축 보완
		석남동~청라국제역	10.7	설계 중	'21 착공	인천/부천축 보완
	제2경인선	인천 청학~광명	18.5	예타 중	예타 결과에 따라 조치	광명축 보완
	경부선 급행화	시설개량	-	공사 중 (금천구청역, 군포역)	'19.下 준공	과천/안양축 보완
	과천선 급행화	시설개량	-	예타 중	예타 결과에 따라 조치	과천/안양축 보완
	환승센터	부천종합운동장역	-	대장지구 광역교통개선대책 수립 용역 중 (광역교통개선 분담금으로 추진)		대장 광역교통개선대책
	BRT	안양~사당 (호계사거리~남태령)	11.2	타당성 검토 중	예타 등을 거쳐 조치	과천/안양축 보완
		수원~구로(구로디지털단지역~장안구청)	25.9	설계 중	-	과천/안양축 보완
		청라~강서(청라~가양역)	23.1	공사 준비 중	-	인천~부천축 보완

서북권 광역교통 구상

- 주요거점 이동시간 단축을 위한 광역급행철도 조속 완공(GTX-A)

  - 신도시 개발사업 등 생활권 확대에 맞추어 교통개선을 위한

  - 철도망 확충(고양선, 인천1호선 검단 연장, 김포한강선 등)

  - 남북방향 이동편의성 증대를 위한 서비스 확대(대곡-소사선 일산 운행, 인천2호선 일산 연장)

- 제2순환 조속 완공(김포~파주~양주), 제1·2순환망 연결(서울~문산 등)

- GTX역 등 주요 환승거점에 환승센터 구축(킨텍스역, 김포공항역)

※ 국가계획에 포함되지 않거나 사전절차 미이행으로 이번 구상에는 반영되지 않았으나 향후 관계부처 협의 등을 통하여 제4차 광역교통시행계획 수립 과정에서 검토할 과제 : 서울6·9호선 연장(동북권), 고양선 연장 (고양시청~식사동)

정부는 철도, 도로 등의 광역교통시설사업 관련 법정계획을 절차에 따라 2020년 하반기까지 확정키로 하였다. 진행 중인 사업은 공정관리를 통해 적기에 개통하고, 계획 사업 등은 설계기간 단축과 조기 착공을 추진한다.

- 제2차 광역교통기본계획(2020~2040) 및 제4차 광역교통시행계획(2021~2025),
- 제4차 국가철도망구축계획(2021~2030), 제2차 국가도로망종합계획(2021~2030)

또한, 정부는 철도망 확충뿐만 아니라, 수도권 간선도로 혼합개선을 위해 광역도로망 구상을 함께 발표했다. 수도권 광역도로망 계획을 살펴보면 다음과 같다.

구분	사업명	사업구간	연장(km)	추진현황	향후계획(안)	비고
서북권	GTX-A	운정~동탄	83.1	공사 중	'23 준공	고양/파주축 보완
	인천 1호선 검단 연장	계양역~검단신도시	6.9	설계 중	'20 착공	인천검단 광역교통개선대책
	인천 2호선 연장	독정역~불로지구	4.45	예타 중	예타 결과에 따라 조치	김포축 보완
		불로지구~일산역~탄현	15	사전타당성 조사 용역 중	예타 등을 거쳐 조치	김포축과 고양/파주축 연결
	김포한강선	방화~양곡	24.2	사전타당성 조사 용역 중	예타 등을 거쳐 조치	김포축 보완
	일산선 연장	대화~운정	7.6	사업재기획 용역 추진 중	예타 등을 거쳐 조치	고양/파주축 보완
	고양선*	새절역~고양시청	14.5	창릉지구 광역교통개선대책 수립 용역 중 (광역교통개선 분담금으로 추진)		창릉 광역교통개선대책
	신분당선 서북부 연장	삼송~용산	18.5	예타 중	예타 결과에 따라 조치	고양/파주축 보완
	대곡~소사선	대곡역~소사역	18.4	공사 중	21 준공	김포축과 고양/파주축 연결
		일산 연장 운행				
	S-BRT*	계양지구~부천종합운동장역	9.3	계양·대장지구 광역교통개선대책 수립 용역 중 (광역교통개선 분담금으로 추진)		계양·대장 광역교통개선대책
		박촌역~김포공항역	8.0			
	환승센터	킨텍스역	-	타당성 검토 용역 중	용역 결과에 따라 예타 등을 거쳐 조치	고양/파주축 보완
		김포공항역	-	예타 중	예타 결과에 따라 조치	김포축 보완

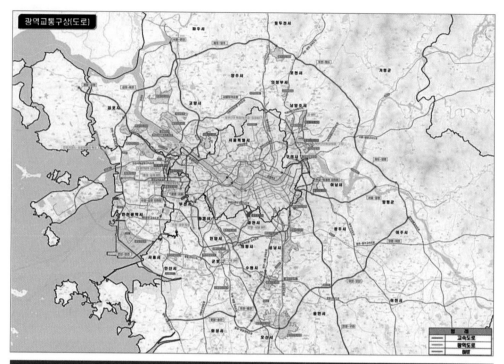

광역교통구상(도로)

수도권 광역도로구상(국토교통부) / 2019. 10. 31 기준

구분	사업명	사업구간	연장 (km)	추진현황	향후계획(안)	비고
간선도로 혼잡 개선	간선도로 지하화	외곽순환고속도로 (판교IC~퇴계원)	28	사전타당성 조사 용역 중	예타 등을 거쳐 조치	성남축, 하남축, 구리· 남양주축 보완
		외곽순환고속도로 (서창~김포)	18.4	민자사업 제3자 공고 준비 중	'19. 下 제3자 공고	인천/부천축 보완
	제2순환 고속도로 건설	포천~화도	28.9	공사 중	'23 준공	구리·남양주축, 의정 부축 보완
		화도~양평	17.6	공사 중	'22 준공	구리·남양주축 보완
		양평~이천	19.4	공사 중	'26 준공	하남축 보완
		이천~오산	31.3	공사 중	'22 준공	성남축 보완
		봉담~송산	18.3	공사 중	'21 준공	과천/안양축 보완
		안산~인천	19.4	예타 통과 후 타당성 조사 중	'21 착공	인천/부천축, 광명축 보완
		김포~파주	25.4	공사 중	'25 준공	고양/파주축 보완
		파주~양주	24.8	공사 중	'23 준공	고양/파주축 보완
	1·2순환 고속도로 연결	서울~양평	27	예타 중	예타 결과에 따라 조치	하남축 보완
		서울~세종 고속도로 (안성~구리)	72.2	공사 중	'22 준공	성남축 보완
		오산~용인	17.3	민자사업 제3자 공고 준비 중	19. 下 제3자 공고	성남축 보완
		계양~강화	31.5	예타 중	예타 결과에 따라 조치	김포축 보완
		서울~문산	35.2	공사 중	'20 준공	고양/파주축 보완
		광명~서울	20.2	공사 중	'24 준공	인천/부천축 보완
	광역도로 확충	동부간선 확장 (녹천교~장암동)	9.5	공사 중	'21 준공	의정부축 보완
		북부간선 확장 (태릉~구리)	4.8	설계 중		구리·남양주축 보완
		천왕~광명 확장	6.4	공사 중	'21 준공	광명축 보완
		원당~태리 신설	5.0	설계 중	'20 착공	인천검단 광역교통개선대책
		인천거첨도~ 김포약암리 확장	6.4	공사 중	'21 준공	김포축, 인천/부천축 연결

지방 대도시권 광역교통망

〈부산·울산권〉

- 남해·동해고속도로를 대심도로 연결
  하는 지하고속도로(사상~해운대, 민자)
  검토
- 김해축 혼잡 완화를 위한 광역도로개통(동김
  해~식만JCT 등)
- 울산도심 교통량 분산을 위해 외곽 순환도로
  조속 완공('29)
- 양산·울산축 도시철도(양산, '24) 및 광
  역철도 (일광~태화강, '21) 확충
- 거점역 환승센터(울산역, 태화강역) 구축으로 연계 교통 강화

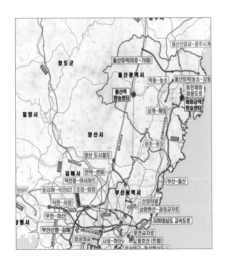

〈대구권〉

- 광역철도 서비스 확대를 위해 대구권
  광역철도(구미~경산, '23) 추진
- 대구 1호선 안심~하양 연장('23)
- 도시철도 신설(엑스코선) 및 대구 3호선 연장
  (범물~신서혁신도시) 추가 검토
- 군위축·경산축 혼잡해소를 위한 광역
  도로 신설 검토(조야~동명 등)

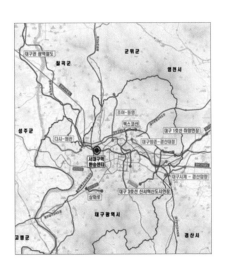

- 외곽순환 기능 회복 위한 대구권 혼잡도로(상화로) 입체화 추진

• 철도, 버스 등 연계 강화를 위한 거점역 환승센터 구축(서대구역)

〈광주권〉

• 혼잡해소를 위해 외곽순환고속
  도로 단절구간(본량~진원) 조속
  완공('22)

- 장성축·나주축의 광역도로 신설 검토
  (광주하남~장성삼계 등)

- 산단 등 접근성 향상을 위해 혼잡도로
  개선(상무지구~첨단산단 등)

• 광주시 주요거점을 연결하는 광
  주 2호선(시청~광주역~시청 순환선) 적기 구축('25)

• 거점역 환승센터(광주송정역) 구축으로 연계교통 강화

〈대전권〉

• 기존선을 활용하여 대전·충청권을 연결하는 충청권 광역철도 구축('23)

- 대전 2호선(정부대전청사~서대전 순환 트램, '25) 조속 추진

• 접근성 제고를 위해 서울~세종('24), 세종~청주('29) 고속도로 건설

- 주요축 교통망 보완을 위해 광역도로 확충 검토(서대전IC~두계3가)

- 도심 혼잡완화를 위해 혼잡도로 개선 추진(정림동~버드내교 등)

• 환승센터(유성터미널) 구
  축 및 세종시 인접도시(공
  주·조치원) BRT 연결 추진

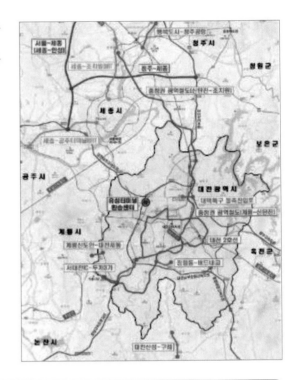

※ 국가계획에 포함되지 않거나 사전절차 미이행으로 이번 구상에는 반영되지 않았으나 향후 관계부처 협의
   등을 통하여 제4차 광역교통시행계획 수립 과정에서 검토할 과제 : 하단~녹산선 창원 연장, 동남권 광역철
   도, 대구2호선 성주 연장, 대구3호선 동명 연장, 광주~나주 광역철도, 광주~화순 광역철도

'광역교통 2030'을 통해 도로와 철도가 획기적으로 발달하게 되면, 부동산 시장 또
한 엄청난 변화가 다가오게 된다. 결국 2030년까지 부동산 가격 상승에 대한 긍정적
신호를 정부가 보내고 있는 셈이다. 부동산을 바라보는 정부의 두 얼굴이 있는 것 같
다. 마치 로마 신화에서 나오는 '야누스'처럼 성문을 나오는 사람들을 바라보는 얼굴
과 성문을 들어오는 사람들을 바라보는 얼굴이 다르듯이, 부동산을 규제하는 얼굴

과 부동산을 풀어주는 얼굴, 각각의 두 얼굴이 존재하고 있다. 따라서 현명한 투자자라면, 이러한 부동산과 관련된 정부의 두 얼굴의 원인을 잘 살핀 후 투자에 임해야 한다. 또한 정부의 부동산 규제의 강도가 강할 때는 몸을 낮추고, 규제의 강도와 규제 이후의 시장반응을 예의 주시한 후 투자에 임해야 하며, 부동산 규제를 완화할 때는 규제완화 정책의 강도와 시장의 반응을 예의 주시한 후 어디에, 어떻게 투자를 할 것인가에 대한 종합적인 분석이 요구된다.

'광역교통 2030'으로 향후 10년 동안 수도권 부동산 시장에 영향을 미칠 지역의 밑그림이 그려졌다. 특히 주택시장은 GTX 역세권 단지와 함께 복합환승센터 개발계획이 있는 지역으로 쏠림 현상이 더욱 높아질 것으로 보인다. 또한 도로망과 철도망이 확충되면서 수도권 외곽지역의 저평가된 토지 시장에 관한 관심이 높아질 수밖에 없다. 수도권 30만호 택지공급에 따른 사상 최대 토지보상금, 광역교통망 확충 등 현 시점이야말로 "10년 만에 찾아 온 토지 투자의 기회"임을 명심하자.

영국 크로스레일 사례를 통해 본 GTX

영국의 크로스레일 사업은 런던 생활권을 동·서부로 가로지르는 광역급행철도 건설사업으로 유럽 최대 인프라 사업으로 불린다. 런던 시내로 유입되는 통근자 수가 급증하자 런던시가 2009년 5월부터 건설을 시작했으며 서쪽 레딩 지역에서 출발해 히드로공항, 런던 도심을 지나 동쪽 셰필드까지 118km를 잇는다. GTX처럼 42km구간은 20~40m 대심도 지하터널로 건설하고 나머지는 기존 철로를 이용하며 최고시속 100~160km로 운행된다.

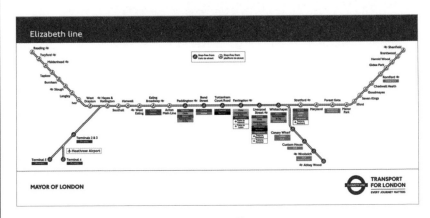

〈 영국 런던 크로스레일 노선도(https://www.crossrail.co.uk) 〉

영국 최대 은행 로이드뱅크(Lloyds bank)에 따르면, 크로스레일 노선에 있는 주택의 평균매매가격은 2014년 34.4만 파운드에서 2016년 12월 42.1만 파운드로 2년새 22% 상승하며 런던 주택매매 가격 평균 상승률(14%)대비 높은 수준을 보인 것으로 나타났다. 지역별로는 동쪽 종점인 아비우드역 인근 주택은 동기간 45% 상승, 포레스트 게이트역은 45% 상승, 런던 중심에서 가장 먼 레딩역도 26% 상승한 것으로 나타났다. 특히 크로스레일 주변은 개통 시기가 다가오면서 런던 생활권(14%), 런던 중심가(13%)를 크게 앞선 22% 상승했다. 이와 관련해 영국 리서치업체는 크로스레일 인근 주거 및 상업용 부동산의 총부가가치(Gross Value Added, GVA)를 2021년까지 총 55억 파운드의 추가적인 자산가치 상승효과가 기대되는 것으로 전망했다. 따라서 영국 런던의 광역급행철도 '크로스레일'이 런던 부동산의 지형도를 바꿔 놓았듯, GTX 또한 국내 부동산 시장의 판도를 바꿔 놓을 것이란 전망이 우세하다.

내 인생을 송두리째 바꿔 줄 '토지 투자 4가지 컨셉'

할 수 있는 능력이 있는데도 불구하고 당신이 원하는 목적을 이루지 못하고 있다면 그것은 당신의 목적이 분명하지 않기 때문이다.
-폴 메이어(경영인)

　　당신은 부동산 투자에 처음 입문하는 '부린이(부동산 어린이)'인가? 아니면 아파트나 상가 등 수익형 투자에서 토지 투자로 전환하고자 하는 사람인가? 혹은 토지 투자에 경험이 있는 사람인가? 이 책을 선택한 이유는 다양하겠지만 아마도 재테크를 성공해서 진짜 부자가 되고 싶다는 이유 때문일 것이다.

　　부동산 투자는 가장 안전한 투자 자산이다. 하지만 들쑥날쑥한 아파트 가격은 더 이상 안전 자산이 아니다. 부자들이 가장 선호하는 재테크는 단연 부동산이지만 아파트 투자만으로는 진짜 부자가 될 수 없다. 토지를 알아야만 한다. 당신이 만약 토지 투자를 해서 실패한 경험이 있다면 제대로 알지 못한 채 주변 지인의 말만 믿고 투자를 한 데서 비롯된다. 주변 지인의 말이든, 공인중개사의 말이든, 부동산 전문가의 조언이든 참고 사항일 뿐 투자 결정은 내가 할 수 있어야 한다. 그 결정을 위한 종합 지침서가 바로 이 책이다. "토지 투자의 컨셉 4가지"는 필자가 수년간 터득한 나만의 노하우다. 이 4가지 기술을 알면 재테크 고민은 사라지고 진짜 부자가 되는 기술을 얻게 될 것이다.

단기간의 평생 연봉 만들기 프로젝트

▶ **토지개발** Develop Relay Project

평생 연봉 만들기 프로젝트는 디벨로퍼Developer가 되는 것으로 단기 투자프로젝트다. 종잣돈 5천만 원에서 1억 원만 있다면 평생 나의 연봉을 두 배로 만들 수 있다. 만약 당신이 직장이나 사업을 통해 연봉 5천만 원을 받는다면 토지개발 프로젝트는 당신의 연봉을 2배 이상 올려 줄 것이다. 디벨로퍼라고 어렵게 생각할 필요가 없다. 당신의 직장 업무보다 훨씬 쉽다. 단지 당신이 필요한 것은 종잣돈과 나의 책, 그리고 부자사관학교 교육과 상담을 받는 일이다. 우선 공부하고 작은 것부터 시작해서 천천히 경험을 쌓아 가면 된다. 교육을 통해 확신이 생기고 투자를 통해 성공 경험을 쌓고 그 기술을 활용해 진짜 부자의 길로 나아갈 수 있게 된다.

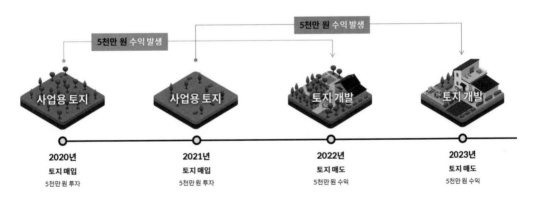

토지개발(Develop Relay Project)

청약통장 없이 저렴하게 아파트 분양받는 방법

▶ 환지 투자Land Substitution Project

환지 투자는 토지 투자의 새로운 트렌드다. 만약 내가 직접 토지개발을 하기 어렵다면 개발지구 내 환지 투자를 통해 내가 직접 개발하지 않고도 새롭게 조성된 땅으로 돌려 받을 수 있다. 특히 소액으로 접근하는 투자자에게는 가족 단위 또는 공동투자 그룹을 만들어 환지 투자를 하면 효과적이다. 개발 사업은 관련 법률과 제도를 이해해야 투자에 성공할 수 있다. 따라서 관련 내용을 숙지하고 사업단계별 투자 포인트를 잡아 환지 투자를 한다면 손쉽게 이익을 얻을 수 있다. 또한 관련 제도 범위 안에서 권리 행사를 충분히 하면 청약통장 없이도 저렴하게 아파트를 분양받는 행운도 얻을 수 있다. 환지 투자는 토지 투자의 새로운 트렌드다. 지금까지 경험해 보지 못한 새로운 투자 경험을 얻고 싶다면 환지 개발사업 지구 내 토지에 딱 5년 정도만 묻어라!

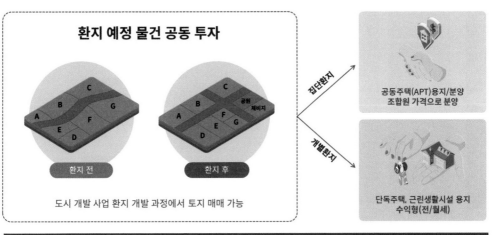

환지 예정 물건 공동 투자

환지 전 · 환지 후

도시 개발 사업 환지 개발 과정에서 토지 매매 가능

집단환지 → 공동주택(APT)용지/분양 조합원 가격으로 분양

개발환지 → 단독주택, 근린생활시설 용지 수익형(전/월세)

환지 투자(Land Substitution Project)

▶ **대토보상 및 차익형 투자**Land Provision Compensation Project

　개발지구 내 사업 방식은 환지 방식과 수용 방식이 있다. 주로 공익사업으로 진행되는 곳은 수용 방식으로 사업이 시행된다. LH 등 공공기관이 토지를 수용(매입)할 때 발생하는 시세차익, 대토보상 등 사업지구 내 택지로 공급받는 방법으로 투자 포인트를 잡을 수 있다. 대토보상 및 차익형 투자는 환지 투자와 마찬가지로 관련 법률과 제도를 충분히 이해해야 한다. 내용이 다소 어렵고 방대하여 쉽게 접근하기 어려울 수 있으나 많은 내용을 다 알려고 하기보다는 개념적인 내용만 이해하고 시세차익을 얻을 것인지 대토보상 등 장기적인 투자 관점에서 접근할 것인지 선택하고 투자하면 좋은 결과를 얻을 수 있을 것이다. 사실 환지 투자나 대토보상 등과 같은 내용

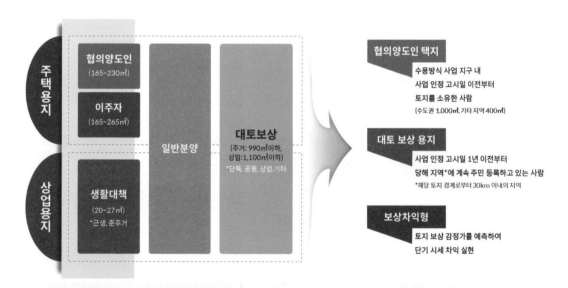

대토보상 및 차익형 투자(Land Provision Compensation Project)

은 시중에 어느 책에도 나와 있지 않은 보석 같은 내용이다. 특히 토지를 수용당하는 토지 소유자들에게도 많은 도움이 되리라 생각된다.

CONCEPT 4 월 300만 원 평생 받는 가장 쉬운 방법

▶ **농지연금** Green Project

'토지개발, 개발지구 내 환지 투자, 수용 방식의 대토보상 및 차익형 투자' 이 3가지 내용이 모두 어렵다면 가장 확실하고 강력한 '농지연금을 활용한 농지가치 투자'를 하면 된다. 이것은 숫자가 보인다. 또 얼마를 투자해서 언제, 얼마의 금액을 받을 수 있는지 예측할 수 있다. 농지연금은 정부에서 농업인을 위해 장려하는 제도이다. 따라서 관련 제도 범위 안에서 농지연금의 가입 기준을 완성하고 농지연금에 적합한 농지를 매입하면 해당 농지를 담보로 매월 정부에서 안전하게 월급을 준다. 마치 주

농지연금(Green Project)

택연금과 비슷한 형태이나 농지연금은 더욱 강력하다. 또 수익형 상가, 오피스텔과 같이 공실 위험도 없다. 단지 몇 가지 사항만 준비하고 공부해서 농지가치 투자를 하면 된다. 5060세대는 지금 시작하고 3040세대는 부모님과 상의하라. 일찍 준비하면 준비할수록 좋다. 혼자서 준비하면 월 최대 300만원을 평생 받을 수 있지만 부부가 함께 준비하면 월 최대 600만원까지 받을 수 있다. 또 부모님과 상의해서 시작하면 최고의 효자 재테크 상품이 된다.

진짜 부자 되는 토지 투자! 걱정하지 맙시다

① 자신 있으면 토지개발하면 됩니다. 디벨로퍼 되세요.
   ▶ 관할 지자체(시·군청) 허락받고 토목, 건축설계사무소에 맡기세요.
② 땅 건드리기 번거로우면 남이 개발해 줄 때까지 기다리세요.
   ▶ 택지개발, 도시개발사업 (환지 투자, 대토보상 및 차익형 투자)
③ 어디선가 개발하려고 하면 주변을 살피세요.
   ▶ 내가 사는 곳 주변에 대규모 개발지 인접 지역을 살피세요.
④ 이도저도 정말 모르겠으면 그냥 농지 사서 연금 타세요.
   ▶ 토지 투자 안전하고 확실하게 하고 싶다면 농지연금을 활용한 농지가치 투자하세요.

좋은 땅 찾는 방법, 땅아 넌 누구니?

내 투자의 기본 원칙은 이것이다.
첫째, 절대 돈을 잃지 않는다. 둘째, 첫째 원칙을 잊지 않는다.
-워렌 버핏

　　토지를 배우기로 마음먹었다면 반드시 부동산 공법을 알아야 한다. 공법을 알아야 땅을 볼 수 있기 때문이다. 어떤 사람을 면접 볼 때 이력서를 보고 그 사람의 가치를 판단한다. 땅도 마찬가지다. 토지의 이력서는 토지이용계획확인서다. 이력서를 보고 그 땅의 미래가치를 판단한다.

　　토지이용계획확인서를 보면 첫 번째 나오는 항목은 지목이다. 지목은 토지의 주된 사용목적에 따라 토지의 종류를 구분·표시하는 명칭으로 28개로 표시된다. 두 번째, 개별공시지가는 표준지標準地공시지가를 이용하여 산정한 개별토지의 단위면적(㎡)당 가격을 말한다. 그 다음 항목은 지역지구 등 지정여부로 ① 국토계획법상 용도지역·지구 등이 표시되고, ② 이외 98개 다른 법령, ③ 신규로 추가 제정된 내용이 표시된다. 용도지역은 토지의 이용 및 건축물의 용도·건폐율·용적률·높이 등을 제한함으로써 토지를 경제적·효율적으로 이용하고 공공복리의 증진을 도모하기 위하여 서로 중복되지 아니하게 도시관리계획으로 결정하는 지역을 말한다. 이력서만으로 사람을

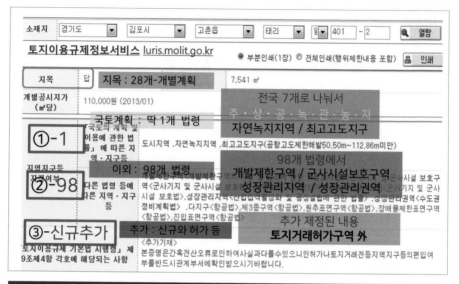

토지이용계획확인서 / 토지이용규제정보서비스 luris.molit.go.kr

전부 평가할 수 없듯이 땅도 마찬가지다. 토지이용계획확인서의 ①번은 현재 그 땅의 운명이다. 이 땅 운명이 바뀔 수 있을지를 봐야 한다. ②번은 그 땅의 제한요소다. 땅의 규제가 풀릴 수 있는지를 봐야 한다. ③번은 그 땅의 새롭게 생긴 제한요소들이다. 새롭게 생긴 제한요소가 무엇인지 확인해야 한다. 사람을 보는 것과 마찬가지로 땅은 지식으로는 안 보인다. 여러 경험을 통해 얻은 가치를 판단하는 능력, 즉 땅은 '지혜'로 봐야 그 땅의 미래가치를 볼 수 있다.

부동산 용어에 '지역·지구·구역'이란 말이 많이 나온다. 쉽게 말하면 땅±에 집集을 짓고 사람人이 사는 제도로, 용도지역은 '땅', 용도지구는 '건물', 용도구역은 '행위'를 뜻한다. 예를 들어 개발제한구역, 군사시설보호구역 등과 같이 '구역'이란 말이 나오면 '어떠한 행위를 제한하는 것'으로 이해하면 된다.

용지지역 7개	도시지역(17%)	주거지역	상업지역	공업지역	녹지지역
	비도시지역(83%)	관리지역	농림지역	자연환경 보전지역	

건물제도 9개	자동차관련시설 군	산업 등 시설 군	전기통신시설 군
	문화집회시설 군	영업시설 군	교육·복지시설 군
	근린생활시설 군	주거업무시설 군	그 밖의 시설 군

지목제도 28개	전	답	과	목	임	대	광	염	장	학	철	도	유	구
	천	제	수	체	공	원	잡	종	묘	사	양	차	창	주

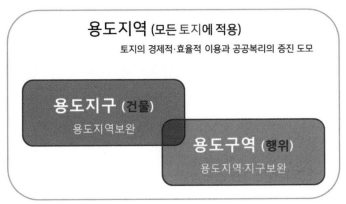

용도지역 (모든 토지에 적용)
토지의 경제적·효율적 이용과 공공복리의 증진 도모

용도지구 (건물)
용도지역보완

용도구역 (행위)
용도지역·지구보완

　　우리나라의 개발사업은 용도지역에 따라 다르게 적용된다. 도시지역을 개발할 때는 딱 3가지 개발사업이 적용되는데, 첫 번째는 도시계획시설사업(국토계획법)으로 도로·공원과 같은 52가지 도시계획시설 설치사업, 두 번째는 도시개발사업(도시개발법)으로 신시가지를 조성하는 사업, 세 번째는 도시정비사업(도시 및 주거환경정비법)으로 재건축·재개발과 같은 구도심을 정비하는 사업이다. 비도시지역을 개발할 때는 사업 면적·규모에 따라 3가지로 나뉘는데, 사업면적이 크면 도시지역으로 편입시킨 다음 도시지역 사업으로 개발하며, 중간 규모의 면적은 지구단위계획[1]으로, 소규모 면적은 개발행위 허가를 통해 개발사업이 진행된다.

---

1 **지구단위계획**: 도시계획을 수립하는 지역 가운데 일부지역의 토지이용을 보다 합리화하고 그 기능을 증진시키며 미관의 개선 및 양호한 환경의 확보 등 당해 지역을 체계적·계획적으로 관리하기 위하여 수립하는 도시관리계획을 말한다.

국토 및 도시계획 체계

국토기본법

국토종합계획 · 국토장기비전
(국토부장관수립,
국무회의 의결)

도종합계획 · 도(道) 장기비전

지역계획 **부문별계획**

수도권정비계획
· 수도권 권역설정
지역개발계획
· 거점형, 낙후형
기타 지역개발계획
· 해안권발전계획 등

· 국가기간망
· 주택, 수자원
· 환경
· 문화·관광
· 정보통신
· 공업배치 등

※ 지역계획, 부문별 계획 등은 수도권
정비계획법 등 개별 법률에 따라 수립

국토계획법

광역도시계획

도시·군기본계획 · 시군 장기비전
(시장군수 수립, 시도지사 승인)

도시·군관리계획 · 용도지역 설정 등(시장군수 수립, 시도지사 승인)

국토종합계획	국토에 관한 최상위 국가계획
도종합계획	도 관할구역의 장기발전계획
광역도시계획	광역계획권의 장기발전계획
도시(군)기본계획	도시의 장기발전 종합계획
도시(군)관리계획	도시기본계획의 실천계획

부동산 투자의 핵심 '입지와 시세 분석 기법'

배움은 수익이 약속된 최고의 투자다.
—작자미상

    부동산 투자의 필수 성공요소는 첫째도, 둘째도, 셋째도 '입지[2]'라는 말이 있다. 부동산 입지를 분석하는 것은 가장 기본이고 투자의 핵심이다. 그렇다면 부동산 입지 판단은 어떤 기준으로 어떻게 판단할까? "어려울 때일수록 기본으로 돌아가라"는 말이 있다. 혼돈의 부동산 시장 속에서 잊지 말아야 할 부동산 투자의 기본이 바로 '입지'이다. '부동산 입지 판단 기준 6가지'는 교통, 주거, 일자리, 편의시설, 자연환경, 교육환경이다.

    첫 번째 교통, 즉 도로망과 철도망이다. 도로망 동선이 어느 방향으로 움직이는가? 현재의 도로망과 향후 개통될 도로 및 진출입로(IC)가 있는가? 철도망은 어디인가? 신설 역세권(통상 도보로 10분 이내 지역) 등에 속하는가?

    두 번째 주거환경이다. 당신은 어느 지역, 어느 '동'에 살고 있는가? 여의도, 압구정

---

2   **입지(立地)**: 사람이 경제 활동을 하기 위하여 선택하는 장소를 말한다.

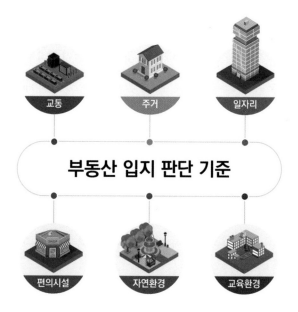

부동산 입지 판단 기준

등 이름만 떠올려도 부자 동네에서 살고 있다. 여의도나 압구정에도 반지하 단칸방도 있는데, 그 지역에 거주한다고 하면 부자동네에 사는 사람이다. 이것은 지역에 대한 사람들의 인지도이다. 하지만 시대가 변하면서 1인 가구 증가에 따른 미래 '주거 트렌드'는 변화하고 있다. 향후 주거환경은 어떤 것을 선호하게 될까?

세 번째는 일자리다. 여의도 Vs 마곡지구를 비교하면 어느 지역이 좋은가? 보통은 여의도가 좋다고 생각한다. 하지만 마곡지구가 여의도보다 땅값이 오르고 있다. LG 사이언스가 여의도에서 마곡지구로 이전하면서 땅값이 올랐다. 판교하면 테크노밸리, 분당 판교는 LH, NC, 네이버 등 자족도시 기능을 갖춰 개발압력과 풍선효과로 인해 팽창할 때로 팽창하다가 용인까지 '수지' 맞았다. 일자리는 지역 발전의 핵심이다.

네 번째는 편의시설이다. 백화점, 복합쇼핑몰, 테마파크 & 놀이시설 등 편의시설 주변의 땅값은 큰 폭으로 상승한다.

다섯 번째는 자연환경이다. 최근 숲세권이 인기다. 도심 속 자연환경을 누리고자

하는 수요에서 최근 지어지는 아파트 단지는 공원화 조성이 중요한 요소로 작용하고 있다. 반포의 아파트를 보면, 분명 남향은 한강과 반대 방향인데 베란다가 한강 조망권을 바라보고 있다. 한국주택산업연구원의 조사에 따르면 미래 주거트렌드는 자연 친화형 라이프 스타일 '자연주의 숲세권'과 '자연 속 세컨하우스'가 인기가 될 것이란 보고서가 나와 있다.

여섯 번째는 학군(교육환경)이다. 우리나라의 교육열은 세계 1위다. 강남 8학군, 국제학교, 학원가 등 주변에 학군을 따라 인구가 유입되고 자연 친화형 라이프 스타일을 추구하는 수요층의 혁신초등학교 선호도 증가하고 있다.

아파트는 '부동산 입지 판단 기준 6가지'를 모두 충족해야 하지만 땅은 이 6가지 중 한 가지라도 이슈가 생기면 땅값이 상승한다. 예를 들어 나의 땅 주변에 고속도로 IC가 신설된다거나 대형 쇼핑센터가 들어선다는 소식만 들려도 주변의 개발 호재로 인해 땅값이 오르는 효과를 볼 수 있다. 따라서 아파트 투자보다 좋은 입지의 땅을 선별하는 것이 오히려 쉬울 수 있다.

부동산 시세 분석 기법

토지 투자에 있어 시세를 분석하는 일은 쉽지 않다. 땅은 시세를 파악하기가 어렵기 때문이다. 이것은 매도·매수자에게 장·단점이 될 수 있다. 다만 확실한 시세를 확인하긴 어려우나 적정 시세를 판단 할 수는 있다. 토지 분석은 행정점검이 90%, 현장점검이 10%로 부지런히 손품을 팔고 난 이후 타겟물건을 잡아 발품을 팔아야 한다. 무조건 현장을 돌아다니면 효과적이지 못하다. 우선 적합한 지역을 선정한 후 시세 사이트에서 적정 시세를 예측하고 경매 물건, 현지 물건 등을 찾아 분석한 다음 현지 부동산 등에 문의하여 최종 타겟물건을 선정한다. 그 이후에 현장에 가는 것이다.

국토부 실거래가
국토부 실거래가
공개시스템 활용

시세정보 SITE
전국 토지건물시세 정보
활용

네이버 부동산
네이버 부동산 토지매매
물건 확인

**현지 부동산 문의,
경·공매 물건 검색**

부동산 시세 분석 기법

초보자에게는 부동산 입지·시세분석이 어려울 수 있다. 이와 같은 절차대로 하는 연습을 하고 난 후에도 충분히 투자의 기회는 있다. 섣불리 투자에 나서기보다는 확실하게 배우고 익힌 후 투자에 임한다면 투자의 확신과 함께 성공확률을 높일 수 있게 된다.

역세권이란?

지하철역을 중심으로 다양한 업무·주거·상업 공간이 있는 반경 500m 이내의 지역으로, 지하철역까지 보통 도보로 5~10분 이내의 지역을 말한다. 특히 지하철역을 도보로 이용하는 시간이 5분 이내로 짧은 곳은 초역세권이라고 하며, 도보로 이용 가능한 지하철역이 몇 개인가에 따라 더블 역세권·트리플 역세권이라 부르기도 한다.

부동산은 보통 입지에 따라 그 매물의 가치가 평가되는데, 실제로 역세권은 부동산 가격에 많은 영향을 미치고 있다. 특히 지하철 등의 대중교통을 이용하는 출퇴근이나 등하교가 많은 수도권 지역에서는 역세권 여부가 매우 중요하다. 역세권은 대중교통의 접근성이 좋아 유동인구가 많이 모이게 되고, 이에 따라 관련 상업·편의 시설이 많이 위치한다는 특징이 있다.

이 밖에 부동산 입지와 관련된 신조어로는 학세권, 병세권, 숲세권, 뷰세권 등을 들 수 있다. ▷'학세권'은 초·중·고등학교가 밀집해 교육조건이 우수한 곳을, ▷'병세권'은 대형 병원 인근에 위치해 신속한 의료서비스를 받을 수 있는 곳을, ▷'숲세권'은 공원이나 숲 등 쾌적한 자연환경을 갖춘 곳을, ▷'뷰(View)세권'은 좋은 자연경관과 탁 트인 풍경 및 야경을 즐길 수 있는 곳을 가리킨다. [출처 : 네이버 지식백과]

PART 2

CONCEPT 1

평생 연봉 만들기 프로젝트
▶▶ 토지개발 Develop Relay Project

01 사람도 땅도 변화하면 가치가 오른다

변화로 인한 비용보다 변화하지 않고
같은 방식을 고수하는 것으로 인한 비용이 더 많이 든다.
-빌 클린턴(美 대통령)

현재 우리나라의 오디션 프로그램이 전성기를 맞고 있다. 주로 무명의 일반인들을 상대로 거액의 상금 또는 앨범발매, 상품 등을 놓고 노래, 춤과 다양한 재능을 겨루어 최고의 승자를 뽑는 장르다. 〈슈퍼스타K〉, 〈K팝스타〉, 〈미스터트롯〉 등 다수의 방송채널에서 편성되고, 참가자는 멘토링 시스템을 통해 오디션 프로그램 안에서 성장한다. 행사가수 겸 환풍기 고치는 일을 했던 무명가수 허각은 오디션 프로그램인 슈퍼스타K를 만나서 인생역전을 하게 된다. 이렇듯 사람은 좋은 환경과 멘토를 만나서 변화하면 가치가 올라간다.

땅도 마찬가지다. 땅의 좋은 멘토는 도로와 철도를 만나 접근성이 좋아지거나 주변에 산업단지, 주거단지 등 환경이 개선되는 것이다. 이것을 부동산 전문 용어로 '미래가치'라고 부른다. 즉 미래가치란 향후 도로와 철도가 신설 또는 확충되거나 주변의 개발사업 등으로 인해 해당 지역의 호재가 생겨나는 것을 말한다. 이렇게 해당 지역의 미래가치가 오르게 되면 내가 소유한 땅은 수익성이 높아진다. 이것을 '개발압력'이라고 하는데, 개발압력이 붙으면 나의 원형지 '땅'을 변화시켜 가치를 끌어 올릴 수 있다.

사람은 멘토를 만나 시간과 돈을 들여 변화하면 가치가 상승한다.
땅은 도로와 철도를 만나 시간과 돈을 들여 변신시키면 가치가 상승한다.

토지 가치 = 미래가치 + 현재 개발가치

땅을 팔고 싶어 임야(산)를 평당 60만 원에 부동산에 내놓는다. 땅을 본 사람은 그 냥 아무것도 없는 임야인데 너무 비싸다고 느끼거나 현장을 보고 나서 실망을 하고 돌아선다. 그러나 똑같이 지목이 임야인 땅이라도 토목공사를 해놓은 부지라면 평당 120만 원이라도 금방 계약한다. 임야를 토목공사를 해놓은 부지로 조성하기만 해도 개발 비용까지 더해서 팔 수 있다. 이렇게 안 팔리던 땅을 부지로 만드는 것을 토지개 발이라고 한다.

원형지 토지일 때

토목공사 후

'보기 좋은 떡이 먹기도 좋다'는 말이 있다. 땅은 원형지 그대로 두어도 지역 바람이 불면, 기대심리에 의해 땅값이 상승한다. 하지만 바람이 언제 어디로 불어올지 알 수 없기 때문에 땅을 개발하여 스스로 땅의 가치를 올려야 한다. 땅의 변신으로 땅값이 상승하는 것이다.

땅을 변신시키는 것은 3가지다. 땅의 변신 중 지목과 형질변경은 땅주인인 내가 직접 해당 지자체에 인·허가를 받아 변경해야 한다. 반면에 용도변경은 땅주인인 내가 신청하는 것이 아니라 국가나 지자체에서 도시관리계획 변경으로 변경되는 것이다.

형질 변경은 허가받고 지목 변경은 신고하라!

형질 변경은 절토, 성토, 정지작업 등 땅의 모양을 바꾸는 행위로 개발행위 허가를 득한 후 해야 한다. 지목 변경은 토지를 용도에 맞게 이름을 바꾸는 행위로 건축허가·개발행위 등으로 공부상 지목을 다른 지목으로 바꾸기 위해서는 신고만 하면 된다.

구분	내용	요건
지목 변경	공부상 지목을 다른 지목으로 바꾸는 행위 ▶ 전, 답, 임야 → 대지, 공장용지	건축허가 · 개발행위 등으로 땅이나 건축물 용도 변경
형질 변경	절토, 성토, 정지작업 등 땅의 모양을 바꾸는 행위 ▶ 농지 전용, 산지 전용	개발행위 허가
용도 변경	토지의 용도 지역을 바꾸는 행위 ▶ 농림지역 → 관리·주거·상업지역	도시관리계획의 변경

토지개발 절차는 우선 원형지 토지를 매입하고, 개발행위 허가를 득한 후 부지조성공사(토목공사)를 한다. 그 이후 건축공사와 개발행위 허가 준공, 지목변경 순으로 크게 6단계에 걸쳐서 진행된다.

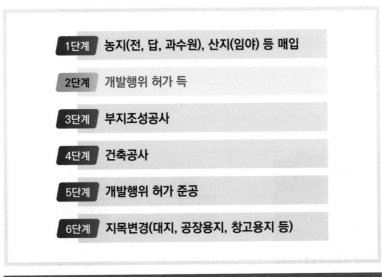

1단계	농지(전, 답, 과수원), 산지(임야) 등 매입
2단계	개발행위 허가 득
3단계	부지조성공사
4단계	건축공사
5단계	개발행위 허가 준공
6단계	지목변경(대지, 공장용지, 창고용지 등)

토지개발 인·허가 절차

　그렇다고 무턱대고 손을 대면 낭패를 볼 수 있다. 토지 투자에 있어 가장 좋은 방법은 그냥 묻어두는 것이다. 하지만 토지개발을 잘만 하면 단기간에 땅값을 2배 이상 올려서 팔 수 있다. 또한 개발에 들어간 비용은 세금에도 공제받을 수 있어 수익을 극대화할 수 있다. 그렇다면 토지개발을 어떻게 하면 잘 할 수 있을까?

　현장에 임장활동을 다녀 보면 디벨로퍼Developer를 만날 수 있다. 해당 지역에서 부동산 개발업체를 운영하며 토지 매입부터 개발, 분양까지 나름 실력과 경험을 갖추었다. 또한 이들은 토지개발로 많은 돈을 벌기도 했다. 인간의 욕심은 끝이 없던가? 사업 초기에 종잣돈 3억으로 시작했던 개발사업이 10억을 만들어 내고, 다시 10억으로 30억을, 또다시 30억으로 100억을 벌었으니, 이제 1,000억 대 사업에 도전한다. 토지를 매입하고 사업을 더욱 확장해 나가다가 결국, 부동산 경기 침체와 잘못된 사업 분석으로 현금흐름이 막히게 된다. 이들의 가장 큰 실수의 원인은 자만심에서 비롯된다. 현재의 개발가치만을 보고 미래가치와 사업 분석을 세밀하게 하지 않기 때문이다.

입지선정 (개발가능한 토지)   토지개발

토지개발의 성공 필수조건은 바로 '미래가치'에 있다. 앞서 설명했듯이 토지의 가치는 좋은 멘토를 만나는 것, 즉 도로와 철도, 산업단지와 주거단지 등 주변의 개발호재로 인해 개발압력이 붙어야 한다. 또한 개발 호재가 사업 타당성이 있는지도 분석해야 한다. 사업이 무산되거나 지연될 수 있기 때문이다. 주변 개발 호재의 사업 타당성이 확보되고 내가 소유한 땅이 건축법상 개발이 가능한 땅이라면 주변 개발 사업의 속도에 맞춰 토지개발 절차를 진행하는 것이다. 따라서 단기간에 2배 이상 땅값을

올려 쉽게 매도하길 원한다면 적어도 미래가치를 보는 방법과 건축법상 개발이 가능한 땅인지를 확인할 수 있어야 한다.

좋은 땅부터 찾고 무엇으로 개발할지 결정하라

기회는 없어지지 않는다.
당신이 놓친 것은 다른 사람이 잡는다.
-작자미상

　　땅은 지식으로 안 보이고 지혜로 보인다. 투자할 땅을 찾으러 정말 열심히 다니는 수강생이 있다. 어느 날 좋은 땅을 찾은 듯 메시지가 올 때면 좋아 보이긴 하나 꼭 무언가 부족함을 느끼게 된다. 주변에 개발 호재가 있지만 개발행위 허가를 받을 수 없는 땅이거나 덩치가 너무 커서 투자금이 많이 들어가는 땅, 시세 대비 가격이 저렴하나 주변에 개발 호재가 불투명한 땅들이다. 수개월 수강을 통해 열심히 배우고 현장도 많이 다녔지만 2% 부족한 이유, 필자가 내린 결론은 경험 부족이다.

　　실패 경험 없이 성공하려면 운이 따라줘야 한다. 운이 없다고 생각되면 실력을 키워야 한다. 처음 토지 투자에 입문하는 사람이 실패하는 이유는 실력도 없는데 섣불리 투자하는 것이다. 투자는 반드시 위험성을 동반한다. 하지만 잘 된 투자는 위험률이 아주 적고, 잘못된 투자는 위험률이 상대적으로 높다. 잘 된 투자를 하기 위해서는 공부하고 실력을 쌓아야 한다. 제대로 공부하고 제대로 된 정보를 얻는 방법을 익히면 실력이 쌓이게 되고, 실력이 쌓이면 지식을 뛰어넘는 지혜를 갖게 된다.

좋은 땅은 어떻게 찾을까? 입지를 선정하는 일이다. 입지立地란 인간이 경제 활동을 하기 위하여 선택하는 장소를 말한다. 즉 도로와 철도망이 신설되거나 확충되고, 산업단지와 주거단지 등 개발 호재로 인해 사람이 경제 활동을 하기 위해 조성되는 지역이다. 여기에 더해 개발 호재의 타당성이 확보되었으나 해당 지역이 반드시 저평가되어 있어야 한다. 이미 호재가 반영된 곳은 꽤 오랜 기간을 기다려야 수익을 얻을 수 있기 때문이다. 입지를 선정한 후 투자하고자 하는 지역의 땅이 공장지대인지, 주택지인지 수요층을 분석하라. 부동산에서는 매물을 소개하기에 바쁘다. "조망이 좋아서 카페 부지로 최적이니 사 놓으면 땅값 오를 거예요." 이 말을 믿고 덜컥 땅을 매입하는 순간 당신은 '호갱'이 되어 버린다. 적어도 카페 부지라면 주변에 카페나 근

1단계	입지선정 (교통망 확충되고 저평가된 지역)
2단계	수요층 분석 (공장인가, 창고인가, 주택인가?)
3단계	개발가치 분석 (개발행위 허가 가능한 토지)
4단계	시세/비용 분석 (주변시세, 개발예상 비용 점검)
5단계	매도 타이밍 선정 ex) 발표(매입) - 착공(토목) - 개통(건축) 1억대 토지매입 ▶ 토목공사 후 2억대 매도 ▶ 준공 후 5억대 매도

토지개발 사업절차 5단계

린생활시설들이 어느 정도 형성되어 있어야 한다. 따라서 무엇으로 개발할지, 어떤 용도로 쓰일 땅인지를 분석하려면 주변의 수요층을 분석해야 한다. 미래가치와 입지 선정, 수요층까지 분석했다면 해당 토지가 개발행위 허가를 받을 수 있는 땅인지 조사한 후 주변 시세와 개발에 드는 예상 비용, 수익성을 분석한다. 끝으로 가장 중요한 부분이 매도 타이밍이다. 예를 들면 해당 토지 인근에 고속도로 IC가 생겨나 서울 접근성이 좋아진다는 호재가 있다면 고속도로의 사업 타당성 발표 직전에 원형지 토지를 매입하고, 고속도로 착공 시점에 부지 조성 공사 후 매도를 한다. 사업이 진행될수록 해당 지역의 토지를 찾는 수요가 늘어나게 되고 토목 공사를 한 땅은 쉽게 팔리게된다. 이때 부동산에 매물을 이렇게 올려보라! '건물만 지으면 되는 토지 → 건축허가득'

실전꿀팁!

토지를 개발하고자 할 때, 가장 최우선적으로 해야 할 일은 개발행위 허가와 건축허가를 받을 수 있는지 확인해야 한다. 우선 땅이 농지일 경우 농림부, 산지(임야)일 경우 산림청 인·허가 담당자에게 확인하고, 시(군)청 도시개발과(개발행위 허가)와 건축과(건축 허가) 담당자에게 문의해야 한다. 하지만 대부분 공무원은 애매하면 건축/토지측량사무소에 문의하라고 하게 된다. 그곳에 가도 석연치 않은 답변을 듣거나 금전을 요구받을 수 있다. 이렇게 수고와 노력으로 확답을 받고, 개발업무를 했다면 당신은 이미 선수다. 하지만 이런 수고와 노력을 덜 하고도 아주 쉽게 알아볼 방법이 있다. 이 방법을 아는 것만으로도 당신은 '선수'를 뛰어넘는 '고수'가 될 것이다.

개발 가능한 땅, 쉽게 찾는 방법

창조 행위는 행동, 사고 가능성, 기존에 존재했던 기술을
한 곳에 섞고 결합하는 작업이다.
-프란체스코 알베로니(사회학자)

　사업을 하다 보면 가끔 느끼는 것이 있다. 대부분 새로운 것을 찾는데 몰두하여 시간을 낭비하고 있거나 다른 사업들이 정말 새로워 보여 엄두를 못내는 것이다. 우리가 사용하는 스마트폰은 인터넷과 비디오, 전화기를 합친 것에 불과하다. 결국 창조란, 기존에 존재하고 있는 것을 하나로 결합하여 나의 것으로 만드는 일이다. 새로운 것은 없다.

　개발 가능한 땅을 찾는 일은 그리 어렵지 않다. 남이 건축허가를 받았던 땅이거나 사업부지로 쓰였던 땅 또는 개발회사(디벨로퍼)가 사업부지로 사용하려고 매입한 땅이다. 굳이 내가 애써서 해당 지자체나 측량사무소에 들러서 개발이 가능한 땅인지 문의할 필요가 없다. 경매 물건을 알아보거나 현지 부동산 물건을 알아보면 이와 같은 물건을 찾을 수 있다.

'허가 받은 땅'을 찾아라!

옆의 그림은 경기도 양평군 양평읍 백안리에 소재한 경매물건이다. 전원주택부지로 건축 허가지로 허가를 받은 땅이다. 보통 개발업체나 디벨로퍼들이 개발 사업을 진행하면서 공사자금 부족 등의 이유로 경매 시장에서 자주 볼 수 있는 물건이다. 하지만 건축 허가를 받은 땅이라고 해서 덜컥 입찰에 들어가면 낭패를 볼 수 있다. 이 물건을 자세히 보면 유치권과 허가권의 두 개의 복잡한 권리가 숨겨져 있다. 경매로 낙찰을 받으면 소유권은 넘어올 수 있으나 유치권[1]과 허가권은 별도의 문제이기 때문이다. 통상적으로 토지 경매에서 유치권은 유치권이 성립되는 요건에 부합되지 않는 경우가 많다. 특히 건물이 없는 토지만 있는 경우 유치권의 성립 요건은 매우 까다롭다.

허가권은 건축 허가를 신청한 토지 소유자의 권리이기 때문에 허가권을 이전받거나 허가권을 취소 후 다시 신청해야 한다. 허가권을 이전받기 위해 원 토지 소유자를 만나서 협의해야 하거나 담당 공무원에게 허가권 취소 여부, 시기 등을 문의해야 한다. 건축 허가권의 문제를 해결할 수 있다면 개발할 수 있는 땅을 낙찰받은 것이니, 좋은 땅을 저렴하게 확보할 수 있게 된다.

---

1 **유치권**(留置權): 타인의 물건이나 유가증권을 점유한 자가 그 물건이나 유가증권에 관하여 생긴 채권이 변제기에 있는 경우에 그 채권을 변제받을 때까지 그 물건이나 유가증권을 유치할 수 있는 권리

2019 타경 [ ]		매각기일 : 2019-10-30 10:00~ (수)		경매2계 031-880-7446	
소재지	경기도 양평군 양평읍 백안리 산46-104				
용도	임야	채권자	신한은행	감정가	181,472,000원
토지면적	848㎡ (256.52평)	채무자	[ ]	최저가	(70%) 127,030,000원
건물면적		소유자	[ ]	보증금	(10%)12,703,000원
제시외		매각대상	토지매각	청구금액	302,033,943원
입찰방법	기일입찰	배당종기일	2019-06-10	개시결정	2019-03-04

기일현황

회차	매각기일	최저매각금액	결과
신건	2019-09-18	181,472,000원	유찰
2차	2019-10-30	127,030,000원	매각

낙찰171,010,000원(94%)

정정공고 ▶ 정정일자 : 2019-09-11

정정내용	2019.9.10.자로 [ ] 부터 70,000,000원의 유치권 신고가 있으나 그 성립여부 불분명

감정평가현황 ▶ (주)경원감정 , 가격시점 : 2019-03-20   🔍 감정평가서

토지	건물	제시외건물(포함)	제시외건물(제외)	기타(기계기구)	합계
181,472,000원	×	×	×	×	181,472,000원

토지현황   🔍 토지/임야대장   🔍 토지이용계획/공시지가   🔍 부동산정보 통합열람

	지번	지목	토지이용계획	비교표준지가	면적	단가(㎡당)	감정가격	비고
1	백안리 산46-104	임야	보전관리지역	180,000원	848㎡ (256.52평)	214,000원	181,472,000원	

기타	양평군 문화체육센터 남동측 인근에 위치 / 주위에는 단독주택, 농경지 및 임야 등이 혼재 / 본건까지 차량 접근이 가능하나 원거리에 버스 정류장이 소재하는 등 대중교통상황은 대체로 불편시 됨 / 환경사지대내 등고 평탄한 세장형의 토지로서 건축 허가지로 이용중임 / 북서측으로 로폭 약 4미터 내외의 포장도로에 접합 / 공장설립승인지역 / 수질보전특별대책지역

건축 허가받은 땅 : 허가권을 확보하기에 문제되는 토지

다음 사례는 건축 허가권이 취소된 토지 경매 물건이다. 2013년도에 건축 허가를 득한 바 있으나, 기준 시점인 2019.06.27일에 건축 허가가 취소된 상태로 장기간 공사가 진행되지 않아 취소된 것으로 보인다. 이 땅은 건축 허가를 받았던 땅으로 개발할 수 있는 땅이며, 건축 허가권이 취소되어 허가권의 문제도 없다. 실제로 이런 땅이 경매 물건에서 많이 나오진 않지만 투자 목적을 '토지개발'이라는 목적의식을 갖고 집중해서 물건을 찾게 되면 필자처럼 쉽게 찾을 수 있다.

2019타경▨▨▨	● 대전지방법원 본원 ● 매각기일 : 2020.06.11(木) (10:00) ● 경매 5계 (전화:042-470-1805)

소재지	세종특별자치시 금남면 원봉리 297-7 외 2필지 [도로명검색] [D 지도] [N 지도]		

물건종별	임야	감정가	906,045,190원
토지면적	2306.33m²(697.665평)	최저가	(49%) 443,962,000원
건물면적	건물은 매각제외	보증금	(10%) 44,400,000원
매각물건	토지만 매각이며, 지분 매각임	소유자	▨▨
개시결정	2019-06-11	채무자	▨▨
사건명	임의경매	채권자	내수농협

오늘조회: 1 2주누적: 23 2주평균: 2 [조회동향]

구분	입찰기일	최저매각가격	결과
	2020-02-27	906,045,190원	변경
1차	2020-04-02	906,045,190원	유찰
2차	2020-05-07	634,232,000원	유찰
3차	2020-06-11	443,962,000원	

낙찰 : 635,001,000원 (70.08%)

(입찰8명,낙찰:▨▨ / 차순위금액 613,990,000원)

매각결정기일 : 2020.06.18 - 매각허가결정

대금지급기한 : 2020.07.28

매각토지.건물현황 (감정원 : 한밭감정평가 / 가격시점 : 2019.06.27)

목록		지번	용도/구조/면적/토지이용계획		m²당 단가 (공시지가)	감정가	비고
토지	1	원봉리 297-7	준보전산지,자연취락지구,계획관리지역,기타용도지역지구기타,가축사육제한구역	임야 248.33m² (75.12평)	143,000원 (20,700원)	35,511,190원	☞전체면적 745m²중 공유자 신만범 지분 2/6 매각 * 현황 "도로"
	2	원봉리 297-4	준보전산지,자연취락지구,가축사육제한구역	임야 1024m² (309.76평)	423,000원 (272,400원)	433,152,000원	* 현황 "잡종지(건축예정지)"
	3	원봉리 297-3	준보전산지,자연취락지구,가축사육제한구역	임야 1034m² (312.785평)	423,000원 (272,400원)	437,382,000원	* 현황 "잡종지(건축예정지)"
			면적소계 2306.33m²(697.665평)			소계 906,045,190원	
제시외 건물		원봉리 297-7외2 철파이프조 판넬 및 차광막지붕	가설건축물			500,000원	매각제외
감정가			토지:2306.33m²(697.665평)		합계	906,045,190원	토지만 매각이며, 지분 매각임

현황 위치	* 원봉1리마을회관 북동측 인근에 위치하는 토지로서, 주위일원은 단독주택, 주거나지, 농경지 및 임야 등이 소재하는 세종시 외곽 순수 농촌지대로서, 제반주위환경은 보통시 됨. * 본건까지 차량출입이 가능하며, 인근 도로변에 버스정류장이 소재하나,제반대중교통사정은 불편시 됨. * 1): 부정형의 환경사로변으로, 현황 도로 임. 2): 환경사지역내의 사다리평지로 현황 잡종지(건축예정지) 3): 환경사지역내의 사다리평지로 현황 잡종지(건축예정지) 임. * 세로(가)에 접함.
참고사항	* 제시외 건물 매각제외 * 토2,3) 2013년도에 건축허가(297-3: 97.92m², 297-4: 199.61m²)를 득한 바 있으나, 기준시점(2019.06.27.) 현재 건축허가가 취소된 상태임.

임차인현황 (말소기준권리 : 2016.04.05 / 배당요구종기일 : 2019.09.02)

===== 조사된 임차내역 없음 =====

기타사항	☞점유 및 임대차 관계 미상

건축 허가받은 땅 : 허가권이 취소된 토지

'허가받을 수 있는 땅'을 찾아라!

허가받은 땅과 허가받을 수 있는 땅을 찾는 방법은 큰 차이가 없다. 단지 토지개발

을 통해 단기간에 땅값을 2배 이상 만들고자 하는 목적의식만 갖고 있으면 된다. 그

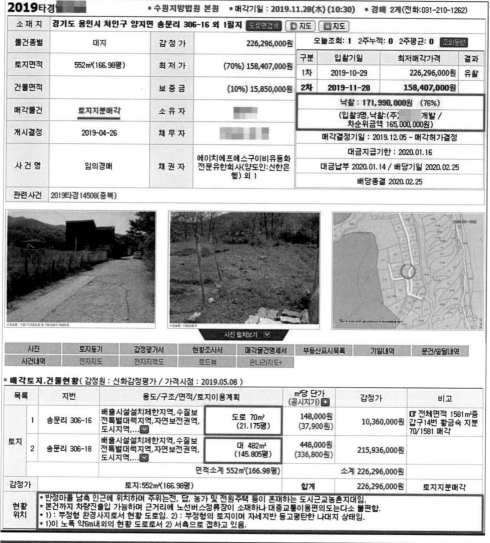

허가받을 수 있는 땅 : 도로 지분이 포함된 토지

렇게 집중해서 물건을 찾다 보면 땅을 보는 눈이 뜨이게 된다.

위 사례는 건축 허가를 받지 않았지만 지목이 '대지'인 땅으로 필지[2]와 도로 지분으로 나온 경매 물건이다. 건축 허가를 받으려면 개발하려는 토지에 도로가 포함되어야 한다. 또한 건축법상 도로의 최소 기준 면적에 부합되어야 한다. 해당 물건은 약 6m 현황 도로가 포함되어 있다.

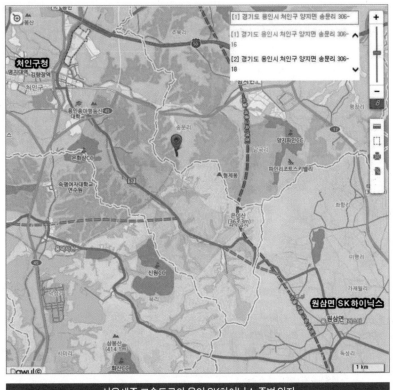

서울세종 고속도로와 용인 SK하이닉스 주변 입지

---

2 **필지**(筆地): 구분되는 경계를 가지는 토지의 등록단위로서 하나의 지번을 가지고 지적공부에 등록되는 토지의 기본 단위를 말한다.

해당 토지의 입지는 용인시 처인구 양지면 송문리에 소재한 전원주택부지로 개발업체(디벨로퍼)에 의해 전원주택 단지로 조성하기 위하여 토지를 분할하여 개발을 했던 물건이다. 서울세종 고속도로와 용인 SK하이닉스 개발 호재의 영향을 받을 수 있는 지역으로 미래가치가 높다. 해당 경매물건은 법인회사가 감정가격 대비 76%에 낙찰받았다.

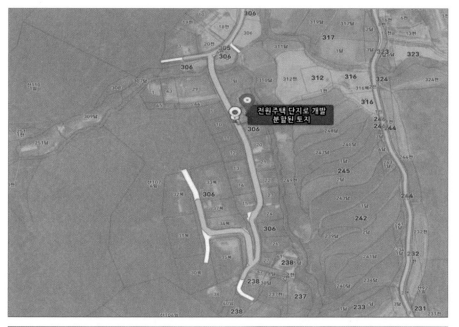

전원주택 단지로 개발하기 위해 분할된 토지

개발업체(디벨로퍼)와 협력하라!

부동산 개발업체(디벨로퍼)와 개발과정에 협력하면 더욱 쉽고 유용한 정보를 얻을 수 있다. 토지개발을 전문가들과 함께하면 토지매입 작업부터 인·허가, 설계 및 시공, 마케팅까지 모든 과정을 함께 공유할 수 있다. 이들은 보통 오랜 기간 개발사업을 해

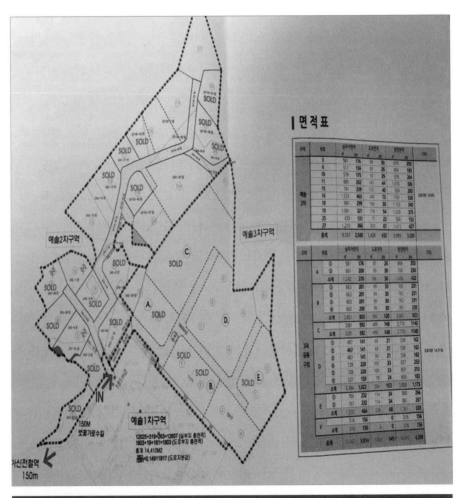

개발업체(디벨로퍼)와 협력 : 사업 중간단계에서 매입

온 터라 해당 지역의 정보를 꿰뚫고 있다. 하지만 개발 사업으로 많은 돈을 벌었던 디벨로퍼들이 사업을 확장하면서 실수를 범하게 된다. 경기가 좋지 않아 분양이 늦어지거나 가급적 많은 토지를 확보하고자 하는 욕심 때문에 현금 흐름이 원활하지 못하게 되는데 우리는 이 점을 잘 활용해야 한다. 이것은 사업 중간단계에 투입하는 전략으로 마치 LH가 토지를 수용(매입)하여 건설사 또는 일반인에게 특별 분양하는 형태라 할 수 있다. 예를 들어 디벨로퍼가 1만여 평의 토지를 매입하고 개발 사업을 진행하고자 할 때 약 1,000~2,000평 정도의 토지를 함께 참여하는 방법이다. 개발 사업의 중간 과정에서 사업에 참여하면 약간의 비용을 지불하고도 주변 시세보다 훨씬 싸게 토지를 매입할 수 있으며, 개발 과정을 함께 공유할 수 있다.

개발업체(디벨로퍼)와 협력하면 토지개발을 더욱 쉽게 할 수 있고 유용한 정보를 얻을 수 있다. 개발업체(디벨로퍼)는 보통 해당 지역의 토지 전문 부동산을 자주 다니면 만날 수 있다.

〈디벨로퍼와 협력하여 토지개발을 할 때 주의사항〉
① 교통호재, 개발압력이 있는 지역일 것
② 가급적 토목공사 이전 상태의 원형지일 것
③ 주변에 매도된 필지가격(시세)을 확인할 것
④ 개발 과정을 보다 보수적으로 판단할 것
⑤ 향후 보유기간과 매도타이밍을 예상할 것
⑥ 개발업체(디벨로퍼)의 해당 지역 사업현황과 포트폴리오를 반드시 확인할 것

농지와 농지개발, 산지와 산지개발

우리가 성공하지 못하는 이유는 무엇을 몰라서가 아니다.
잘못된 것을 알고 있는 그것이 성공의 가장 큰 장애물이다.
-조지 빌링스(美, 작가)

연일 방송되는 부동산 뉴스의 대다수는 아파트 관련 내용이다. 정부의 수십 번째 규제 정책에 좌고우면左顧右眄하는 사람들을 보면 참으로 안타깝다. 그래서 정말 묻고 싶다. 실제로 아파트에 투자해 큰돈을 벌어 단숨에 부자가 된 사람이 있는가? 또한 아파트 투자가 평생할 수 있는 재테크인지, 나의 인생을 송두리째 바꿀 수 있는 것인지는 잘 모르겠다. 아파트 투자는 쉽다. 그래서 전문가가 많다. 필자인 나보다 해당 지역의 알짜 정보는 나의 동창생이 더 잘 안다. 낮은 진입장벽은 모두가 하나의 '파이'를 공유한다. 따라서 나에게 돌아오는 몫도 줄어들게 된다. 아파트 경매에 수십 명이 입찰하게 되고 높은 낙찰률과 함께 세금까지 더하면 실제로 얼마나 많은 차익을 남길 수 있겠는가?

아파트도 최초엔 농지나 산지였다. 무엇이든 생산하는 과정을 아는 사람이 진짜 돈을 번다. 토지는 부동산의 기본이자 원재료다. 다시 언급하지만 이 책을 읽고 있는 당신과 우리는 레벨이 다르다.

농지와 농지개발

농지는 28개의 이름(지목) 중 하나일 뿐, 토지의 주된 사용목적을 구분한 것이다. 지목은 과세목적으로 탄생했으며 땅이 좋고 나쁨을 표시하는 것은 아니다. 농지의 지목은 토지이용계획에 전, 답, 과수원으로 표시된다.

---

① 전田

물을 상시적으로 이용하지 아니하고 곡물, 원예작물(과수류는 제외), 약초, 뽕나무, 닥 나무, 묘목, 관상수 등의 식물을 주로 재배하는 토지와 식용을 위하여 죽순을 재배하는 토지이다. 지적도상에는 '전'으로 표시된다.

- -

② 답沓

물을 상시적으로 직접 이용하여 벼, 연, 미나리, 왕골 등의 식물을 주로 재배하는 토지를 말하며, 지적도상에 '답'으로 표시된다.

- -

③ 과수원果樹園

사과, 배, 밤, 호도, 귤나무 등 과수류를 집단적으로 재배하는 토지와 이에 접속된 저장고 등 부속시설물의 부지를 말하며, 지적도상에는 '과'로 표시된다.

농지는 지목보다 용도지역이 중요하다. 다음 그림의 토지이용계획을 보면 지목이 '답'이고, 용도지역이 농림지역이다. 행위제한으로 농업 진흥구역縣 절대농지으로 묶여 있다. 다시 말해 농지로 밖에 쓸 수 없는 땅이다.

농업 진흥구역 안에서 건축행위를 하고자 하는 것은 매우 어려운 일이다. 다만 아래
조건에 해당하면 농가주택을 지어 땅값을 올릴 수 있다. 조건이 까다로울수록 잘 만
하면 확실한 수익이 되어 돌아온다. 때론 이론보다 실무에서는 다소 유연하게 적용되
고 있으니 어렵다고 포기하지 말고 한번 부딪혀보자. 경험보다 위대한 스승은 없다.

소재지	경기도 안성시 일죽면 신흥리 일반 764-0			
지목	답 ❓		면적	130 ㎡
개별공시지가 (㎡당)	28,300원 (2018/01)			농림지역 농업진흥구역
①-1	「국토의 계획 및 이용에 관한 법률」에 따른 지역·지구등	국토공간계획 (국토부) 농림지역 ↑		
②-97 지정여부	다른 법령 등에 따른 지역·지구등	개별계획 (농림부) 가축사육제한구역(일부제한지역)<가축분뇨의 관리 및 이용에 관한 법률> 농업진흥구역<농지법> ↑ 자연보전권역<수도권정비계획법>, 배출시설설치제한지역<수질 및 수생태계 보전에 관한 법률>		
③-추	「토지이용규제 기본법 시행령」 제9조제4항 각 호에 해당되는 사항			

토지이용계획확인서 : 농림지역, 농업진흥구역

농가주택 단지 전경

〈농업 진흥구역 안에서 농가주택 건축 조건〉

① 농업인 주택으로 전용하려면 해당 세대의 농업, 임업, 축산업, 어업에 의한 수입 액이 연간 총 수입의 2분의 1을 초과하는 세대이거나 해당 세대원의 노동력의 2분 의 1 이상으로 농업, 임업, 축산업, 어업을 영위하는 농업인 세대주만 농업 진흥구 역에서 농지를 전용하여 농가주택을 건축할 수 있다.

② 소득기준과 노동력기준 계산방법
- 농업에 총 종사한 시간이 직장 등 농업 이외 다른 생활에 투여한 총 노동시간 보다 많을 것
- 학생은 제외
- 농어업법인에서 단순노동을 제공한 것은 제외함
- 총 소득에는 임대소득, 연금소득, 이자소득도 포함한다.

〈농가주택 면적 조건〉

① 부지면적은 총면적 660㎡(약 200평) 이하일 것
② 5년간 농업인 주택부지로 전용한 농지면적을 합산한 면적을 해당 농업인 주택 으로 본다.

〈농가주택 설치가능지역〉

① 농지소재지 시, 군, 구, 읍, 면이나 이에 연접한 시, 군, 구, 읍, 면 지역
② 농지소재지와 멀리 떨어진 도시에서 거주하는 유주택자가 영농을 위하여 필요

한 경우 농지소재지에 농업인 주택을 신청할 수 있다.

③ 농지 등의 소재지에 다른 주택이 있어 그 주택에서 농업경영 등을 하면 불허될 수 있다.

〈농가주택 건축 후 매도 시 유의사항〉

① 농업 진흥구역에 농어민주택을 건축하여 매도 시, 농업인이 아닌 일반인에게 매매임대를 할 수 없다.

② 상속인 경우에는 자격유무와 상관없다. 단, 상속 후 매도나 임대는 자격요건을 갖춘 농업인에게만 매도할 수 있다.

③ 농업 보호구역이나 농업 진흥구역 밖에서는 농가주택 건축 후 5년 이내는 자격요건이 적합하지 아니한 자에게 처분 시 용도변경 승인을 받아야 하나 5년이 경과되면 자격요건과 상관없다.

④ 농업인이 농가주택 건축 시 농업전용부담금이 면제되며 단독주택 취득시도 취·등록세가 면제된다.

(5년의 기산일 : 해당 시설물의 준공검사 필증을 교부한 날 또는 건축물대장에 등재된 날, 그밖의 농지의 전용목적이 완료된 날로부터)

아래 그림은 용도지역이 계획관리지역인 농지이다. 또한 농업 진흥구역이나 보호구역으로 지정되어 있지 않은 일반 농지이다. 위에서 설명한 농림지역의 농업 진흥구역과 달리 행위 제한이 덜하다. 따라서 주변 개발 호재 등으로 건축을 할 만큼 수익성이 좋아지면 언제든지 지역별 건축 조례에 따라 허가를 받아 건축 행위를 할 수 있다.

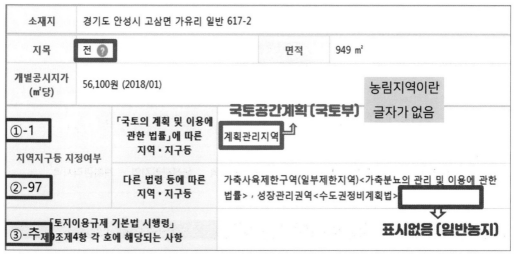

소재지	경기도 안성시 고삼면 가유리 일반 617-2			
지목	전 ❓		면적	949 ㎡
개별공시지가 (㎡당)	56,100원 (2018/01)			농림지역이란 글자가 없음
①-1 지역지구등 지정여부	「국토의 계획 및 이용에 관한 법률」에 따른 지역·지구등	국토공간계획 (국토부) 계획관리지역 ⬆		
②-97	다른 법령 등에 따른 지역·지구등	가축사육제한구역(일부제한지역)<가축분뇨의 관리 및 이용에 관한 법률>, 성장관리권역<수도권정비계획법>		
③-추제9조제3제4항 「토지이용규제 기본법 시행령」 각 호에 해당되는 사항		표시없음 (일반농지) ⬇		

토지이용계획확인서 : 계획관리지역 농지 / 경기부동산포털

산지와 산지개발

산지(임야)는 크게 보전산지와 준보전산지로 구분된다. 보전산지는 임업용 산지와 공익용 산지, 준보전산지는 관리지역의 임야가 해당된다. 임야를 투자할 때 공익용 산지는 고려대상이 아니다. 공익용 산지는 말 그대로 공익기능을 위하여 필요한 산지

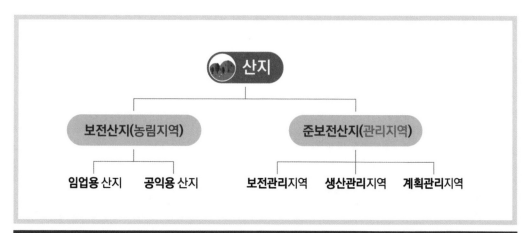

산지의 구분

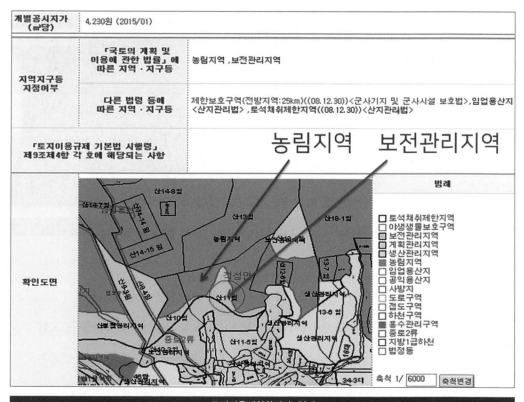

개별공시지가 (㎡당)		4,230원 (2015/01)
지역지구등 지정여부	「국토의 계획 및 이용에 관한 법률」에 따른 지역·지구등	농림지역 ,보전관리지역
	다른 법령 등에 따른 지역·지구등	제한보호구역(전방지역:25km)((08.12.30))<군사기지 및 군사시설 보호법>,임업용산지 <산지관리법> ,토석채취제한지역((08.12.30))<산지관리법>
「토지이용규제 기본법 시행령」 제9조제4항 각 호에 해당되는 사항		

토지이용계획확인서 : 임야

로써 산림청장이 지정하는데, 가뜩이나 환경문제가 심각한 상황에서 개발은커녕, 해제되기란 그야말로 산 넘어 산이기 때문이다. 최근 기획부동산에서 3기 신도시 주변의 개발제한구역(그린벨트) 내 임야를 사들여 3배 이상 비싸게 매매하고 있다. 이와 관련해서 경기도에서는 여의도(2.9㎢)의 70배가 넘는 면적의 임야를 토지거래허가구역으로 지정했다. 공익용 산지를 확인하는 방법은 토지이용계획 확인서를 보면 쉽게 알 수 있다.

농지를 개발하는 것보다 산지(임야)를 개발하는 것이 상대적으로 개발비용이 덜 들어간다. ㎡당 농지전용부담금이 생각보다 많이 들어 산지를 개발하는 것이 수익성에서 유리하다. 또한 임야는 농지나 대지보다 가격이 저렴하므로 개발업체(디벨로퍼)가 선호한다. 따라서 농지를 개발하고자 할 때는 가급적 주택부지보다 수익성이 좋은 카페나 식당 부지와 같은 근린생활시설로 보고 접근하는 것이 좋다. 농지나 산지개발을 허가받고자 할 때 우선 농지는 농림부에 문의하고, 산지는 산림청에 문의해야 한다. 그 다음 시·군·구청 개발행위 허가 및 건축과에 문의하면 된다.

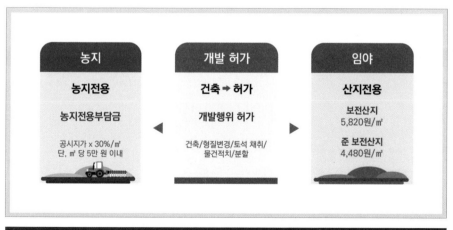

농지와 산지개발 부담금

농지나 산지를 개발하고자 할 때 다음과 같은 순으로 진행하되, 반드시 건축법상 도로가 확보되어 있어야 허가를 받을 수 있다. 즉 토지개발에 있어 도로는 생명과 같다.

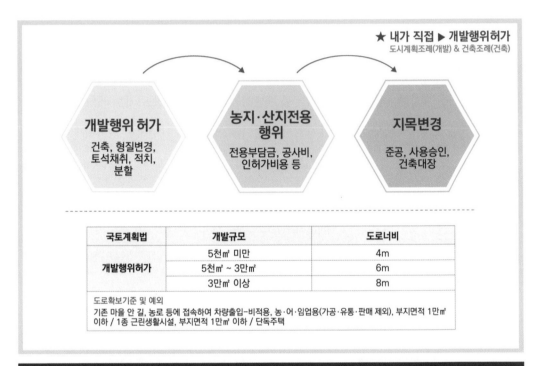

국토계획법	개발규모	도로너비
개발행위허가	5천㎡ 미만	4m
	5천㎡ ~ 3만㎡	6m
	3만㎡ 이상	8m

도로확보기준 및 예외
기존 마을 안 길, 농로 등에 접속하여 차량출입-비적용, 농·어·임업용(가공·유통·판매 제외), 부지면적 1만㎡ 이하 / 1종 근린생활시설, 부지면적 1만㎡ 이하 / 단독주택

농지와 산지개발 행위 허가

'제일 많이 만나는 땅' 농지·산지개발 무작정 따라 하기!

농지개발은 농림부에 물어보고, 산지개발은 산림청에 물어 본다.
그 다음에는 시·군·구청 개발행위 허가 및 건축과에 물어 본다.
가장 쉬운 방법은 시·군·구청 앞에 있는 토목측량사무소와 건축사무소에 문의한다.
가장 효과적인 방법은 해당 지역에 있는 부동산개발회사(디벨로퍼)와 협력하는 방법이다!

05 '평생 연봉 만들기 프로젝트' 이렇게 하면 된다

당신이 할 수 있는 최고의 투자는 당신 자신에 대한 투자다. 교육에 기꺼이 투자해라.
그렇지 않으면 훗날 훨씬 큰 대가를 치를 준비를 해야 할 것이다. 오늘 당신이
내릴 결정은 당신의 재정적 미래를 결정한다. 반드시 올바른 결정을 내리도록 해라.
당신은 오늘의 결정이 가져올 결과에 따라 살게 될 것이기 때문이다.
-엠제이 드마코(부의 추월차선 中에서)

부동산 투자를 통해 평생 연봉을 만들 수 있을까? 부동산 투자를 '사업화'하여 평생 수익을 만들 수 있다는 뜻일 텐데, 그것이 과연 가능할까? 토지개발을 제대로 알면 부동산 개발 사업을 통해 평생 연봉을 만들어 낼 수 있다. 이것은 생각보다 어렵지 않고, 많은 돈이 필요하지도 않다. 종잣돈 1억, 적게는 5천만 원으로도 레버리지를 활용하면 충분히 소액 투자가 가능하다.

당신의 부동산을 2배 이상의 가격에 누군가가 사 주길 원하는가? 시장 상황과 외부의 영향 없이 내가 직접 부동산의 가치를 올릴 수 있는 방법은 오직 '토지개발'사업뿐이다. 부동산은 사는 것보다 파는 것이 더 중요하다. 언제, 어떻게 팔 것인가? 토지개발은 부동산의 진정한 생산자다. 적어도 생산자가 되려면 기술을 알아야 한다. 토지개발의 기본 지식과 프로세스를 알면 부동산의 생산자가 될 수 있다.

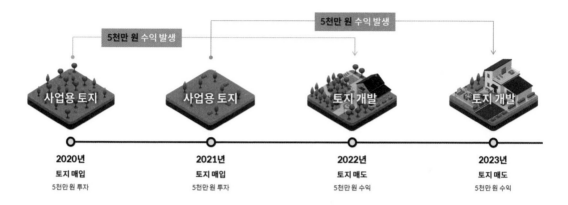

미래가치 ↑　개발가치 ↑　이용가치 ↑

5천만 원 수익 발생

5천만 원 수익 발생

사업용 토지	사업용 토지	토지 개발	토지 개발
2020년	**2021년**	**2022년**	**2023년**
토지 매입	토지 매입	토지 매도	토지 매도
5천만 원 투자	5천만 원 투자	5천만 원 수익	5천만 원 수익

토지개발(Develop Relay Project)

　기술과 전문지식은 당신을 기다리고 있다. 당신이 토지 투자에 앞서 가장 우선적으로 해야 할 일은 기술과 지식을 배우는 일이다. 두 번째는 미래가치가 높은 저평가된 지역을 선정해야 한다. 고속도로 IC, 역세권 주변이나 산업단지 인근 등 입지를 분석하고 현 시점에서 저평가된 지역을 찾아라. 입지를 분석하는 일은 누군가에겐 쉽고, 누군가에겐 정말 어려운 일일 수도 있다. 바로 여기서 학습이 되어 있는 사람과 그렇지 않은 사람의 차이가 난다. 적은 종잣돈으로 반드시 투자에 성공하고 싶다면 자만하지 말고 배우고 학습하라.

　세 번째는 실전 투자 단계다. 학습이 잘 되었다고 해도 실제 투자를 할 때가 되면 망설이게 된다. 100% 완벽한 투자는 없다. 단지 우리가 할 수 있는 것은 배운 대로 실천하는 것이다. 준비된 자에게 기회가 오게 되고 기회를 놓치면 누군가가 그 기회를 가져간다. 철저히 분석하되 충분히 사고 싶어지면 단 1초 만에 결정하는 지혜로운 부자가 돼라.

토지개발은 개발 허가를 받을 수 있는 농지나 임야 등을 매입하고 2년 시점에 부지 조성 공사를 완료하여 현지 부동산 등에 매매하면 쉽게 차익을 볼 수 있다. 매도시점 인 2년이 지날 때쯤 고속도로 IC 착공이나 개통 또는 역 신설 등 주변 호재가 발표되 면 더욱 높은 가격에 매도할 수 있게 된다.

필자의 코치를 받은 수강생의 실제 사례를 예를 들어 설명하겠다. 30대 후반의 수 강생 A씨는 토지 투자 경험은 없었으나 충분한 학습과 노력으로 투자한 지 2년 만에 순이익 4,600만 원을 벌었다. A씨는 2017년경 토지개발용 땅 130평을 5,200만 원에 매입하고 2년이 지난 시점에 부지조성 공사를 완료한 후 주변 호재와 맞물려 13,000 만 원에 현지 부동산을 통해 매매하였다. 토지 원가를 시세에 따라서 매입하였으나 약 2년에 걸친 보유기간과 함께 철저한 입지 분석을 통해 2년 시점에 주변에 개발 이 슈가 화두가 되어 빠르게 매매계약이 진행된 사례다. 공사비 약 3,000만 원은 토지 담 보 대출을 활용했으며, 토목 공사에 들어간 제반 비용 등을 양도소득세에 공제받을

구 분	금 액 (원)	비 고
토지매입비	5,200만	130평 × 평당 40만
토목공사비	3,000만	설계비 등 포함
매도가격	13,000만	130평 × 평당 100만
매도차익	4,800만	매도가 - (매입비+공사비)
양도세 공제액	3,600만	취·등록세, 토목공사비 등 공제
순이익	4,600만	매도차익 - (양도세 + 이자)

토지개발 수익률 분석표

수 있어 실제 수익률을 높일 수 있었다.

투자 수익금과 함께 종잣돈이 5천만 원에서 1억 원으로 불어난 A씨는 부동산 1인 법인을 설립하고 본격적인 부동산 개발사업에 뛰어들었다. 같은 해에 5천만 원을 재투자하고, 2020년 상반기에는 또 다른 지역의 토지를 5천만 원에 매입하여 2개의 개발용 토지를 확보하게 되었다. 2019년에 매입한 토지는 부지조성 공사 후 2021년에, 2020년에 매입한 토지는 부지조성 공사 후 2022년에 각각 매도하게 되면 매년 5천만 원 정도의 수익이 발생하게 되고, 이후에는 1억 이상의 개발용 토지를 확보하여 '사업화'할 수 있게 된다. 이렇게 해서 A씨는 한 번의 경험으로 가능성을 알게 되고 평생 연봉을 만들 수 있는 프로젝트를 만났다는 것을 확신하게 되었다.

당신의 연봉은 얼마인가? 대한민국 평균 연봉은 2019년 기준 약 3,475만 원 정도라고 한다. 만약 당신의 연봉이 4,000만 원 정도라면 토지개발 사업을 통해 연봉을 두 번 받을 수 있게 된다. 우선 종잣돈 5천만 원을 모은 다음, 토지개발에 관해 관심을 갖고 집중적으로 학습하라. 그리고 전문가에게 코칭받은 대로 과감하게 투자하라. 기술과 전문지식, 성공 경험을 통해 당신의 인생이 송두리째 바뀌게 될 것이다.

욕심이 과하면 배가 산으로 가는 법이다. 지나친 욕심은 화를 부른다. 디벨로퍼가 되기 위해 토지개발을 시작하게 되면 몇 번의 성공으로 더 큰 사업 대상지를 찾게 된다. 토지개발에서 가장 주의해야 하는 부분이다. 인간의 욕심은 끝이 없기 때문이다. 10억을 가진 사람이 많은가? 1억을 가진 사람이 더 많은가? 만약 당신이 10억에 땅을 2배로 만들어 20억으로 만들고자 욕심을 부린다면 당신의 사업이 부도의 위기를 맞을 수 있다. 부동산은 사는 것보다 파는 것이 더 중요하다. 잘 팔고 싶다면 욕심을 버려라. 큰 성공은 작은 성공을 거듭한 결과라는 말이 있듯이 한 단계씩 올라가길 바란다. 토지 투자는 늘 '빛과 그림자'가 존재한다. 어떤 투자자들은 땅을 산 뒤 몇 배로 가격이 올라 막대한 수익을 올리기도 하지만 일부 투자자들은 개발 불가능한 땅을 사서 막대한 목돈을 물린 채 심각한 피해를 보기도 한다. 전문가들은 땅을 살 때 수익성보다 안전성에 초점을 맞춰 투자할 것을 조언한다. 안전한 땅이 결국에는 높은 수익을 가져다주기 때문이다.

개발 호재가 있는 지역 + 개발할 수 있는 땅(개발행위 허가)

개발계획이 있다는 것만으로 투자를 결정해서는 안 된다. 신설 개발계획은 현재 어느 단계인지 확인해 본 다음 결정해야 한다. 산업단지 및 신도시 개발, SOC 사업(도로, 철도) 등 개발 호재가 있어도 철저한 사업성 분석이 필요하다. 아무리 좋은 재료가 있어도 정책당국의 실행의지 여부와 실행 기간이 가장 중요한 기준이 돼야 한다. '무릎에 사서 어깨에 팔라'는 말이 있다. 반드시 잊지 말아야 할 것은 투자의 타이밍이다. 어느 정도 개발 호재가 가시권에 들어와야 한다. 섣불리 투자했다가 사업이 무산되고 나면 땅을 팔기가 어려워지기 때문이다. 또한 아무리 개발호재가 있는 지역이라도 내가 투자하는 땅이 개발행위 허가를 받을 수 없는 맹지[1]이거나 행위제한으로 묶여 있다면 쓸모없는 땅이 된다. 토지 투자의 목적이 토지개발이라면 반드시 개발할 수 있는 땅이어야 한다. 개발할 수 있는 땅은 앞서 설명한 '개발 가능한 땅, 쉽게 찾는 법'을 참고하라.

---

1 **맹지**(盲地): 도로와 맞닿은 부분이 전혀 없는 토지

'발품 대신 손품으로' 스마트하게 알아보는 토지정보 수집 SITE

☑ **시세정보 SITE**
국토부 실거래가 공시시스템 http://molit.go.kr
전국토지건물시세(밸류맵) http://www.valueupmap.com
전국토지건물시세(디스코) https://www.disco.re/
경기부동산포털 http://gris.gg.go.kr
서울시 부동산정보광장 http://land.seoul.go.kr
스마트 GIS인천 http://imap.incheon.go.kr

☑ **도시계획, 개발정보 SITE**
국토환경성평가지도 https://ecvam.kei.re.kr/main.do
도시계획정보서비스 http://upis.go.kr
전국 개발정보 지존 http://www.gzonei.com
공공·민간기관 연구원 : 국토연구원, 경기연구원, 한국부동산연구원, 한국감정원
국토교통부, LH, 한국철도·도로공사 등 지역별 도시공사, 각 지자체 홈페이지

☑ **자주 활용하는 지도맵 SITE**
네이버맵, 카카오맵, 구글어스, 브이월드(Vworld)

토지개발 분석 기법 3W·1H

투자란 철저한 분석을 바탕에 두고 투자원금의 안정성과
적절한 수익성을 보장하는 행위다.
-벤저민 그레이엄(경제학자)

□ Where 어디에 투자할 것인가? ▶ 지역 선정

□ When 어느 타이밍에 매매할 것인가? ▶ 매수와 매도시점

□ What 어떤 땅을 선택할 것인가? ▶ 타겟

□ How 어떻게 만들 것인가? ▶ 개발용도

어떤 투자도 리스크가 없는 투자는 없다. 단지 우리는 철저하게 분석하고 원금을
최대한 지키면서 최대의 수익을 내는 것에 목표를 두어야 한다. 단순하게 접근하면
투자의 기회를 영원히 잃을지 모르기 때문이다.

Where 어디에 투자할 것인가? 땅은 지역 바람을 탄다. 2005년 세종시 행정복합도
시 건설 본격화, 2008~2010년 평택 미군기지 이전 및 고덕국제화 신도시 건설, 2018
년 남북정상회담으로 인한 파주 등 접경지역, 2019년 용인 SK하이닉스 반도체 클러
스터 부지 확정, 2020년에 접어들면서 3기 신도시 개발 사업 본격화에 따른 신도시

주변 땅값이 상승했다. 그렇다면 앞으로 10년, 어떤 지역에 바람이 불까? 이것을 예측하는 일은 신의 영역이다. 단지 우리는 지역 선정을 할 때 원칙을 정하고 지속해서 모니터링을 하는 일에 집중해야 한다. 지역 선정의 원칙 첫 번째는 도로와 철도망이 신설되거나 확충되어 도심과 접근성(수도권은 강남 접근성)이 좋아지는 지역이다. 접근성이 좋아지는 지역을 예측할 때 앞서 설명한 '광역교통 2030'계획을 참고해 두자. 두 번째는 저평가된 지역이다. 1,000만 원짜리 땅이 2배 오르면 2,000만 원이지만 100만 원짜리 땅이 2배 오르면 200만 원이다. 땅값이 비싼 만큼 오르는 폭도 무거울 수밖에 없다. 따라서 동일한 용도지역의 땅이라도 반드시 저평가된 미래가치가 높은 지역을 선정하는 것이 유리하다. 끝으로 해당 지역별로 토지의 활용 가치가 있어야 한다. 즉 건물을 지을 수 있는 땅이어야 한다. 아무리 좋은 지역이라 하더라도 토지의 활용가치가 없다면 아무 행위도 할 수 없기 때문이다. 토지개발을 목적으로 한다면 반드시 해당 토지가 건물을 지을 수 있는 땅이어야 한다.

---

① 도심과 접근성이 좋아지는 지역 선정
② 저평가 지역
③ 해당 지역별 토지의 이용(활용) 가치

When 어느 타이밍에 매매할 것인가? 투자의 타이밍을 잡는 것은 아주 중요하다. 2020년 1월 15일 신분당선 광교~호매실 구간 예비타당성 결과가 확정 발표됐다. 이 발표로 인해 수원 호매실 주택가격이 일제히 상승했으며 인근 땅값도 상승했다. 지가 상승 시기는 통상 발표, 착공, 개통 3단계에 걸쳐 상승한다. 타이밍에 맞춰 부동산

수요층을 잡는 것도 중요하다. 부동산 수요층은 투기수요(제3수요)와 실수요(신규 수요, 이전 수요)로 나뉜다. 사업성이 확보되는 발표단계에서는 기대 심리가 상승하여 투기수요(제3수요)가 몰리게 된다. 우리는 사업성이 확보될지를 자세히 분석하고 발표 직전단계에서 적극적으로 투자용 토지를 매입해야 한다. 사업자 선정 후 첫 삽을 뜨는 착공단계에는 개발 심리가 상승하여 또 다른 투기수요(제 3수요)가 추가적으로 몰리게 된다. 이 시기에 맞춰 부지조성공사를 완료하고 토지를 매도하면 비교적 높은 가격에 보다 쉽게 땅을 팔 수 있다. 사업 준공일인 개통단계가 다가오면 본격적으로 실수요층이 몰리게 된다. 이 시기에는 부지조성공사가 완료된 땅에 건물을 지어서 매도하는 것이 효과적이고 비교적 원활하게 매수자를 찾을 수 있다.

지가 상승 시기 3단계에 따른 수요층 분석

What 어떤 땅을 선택할 것인가? 투자할 대상 지역과 투자 타이밍을 선정했다면 이제 어떤 땅을 사야 할지 고민이다. 관리지역, 주거지역 등 토지의 용도지역과 농지, 임야, 나대지 등 토지의 지목도 여러 가지인데 어떤 땅을 사야 하는 것인지 어렵기만 하다.

농지	임야
부지 조성된 땅	나대지

하지만 좋은 땅을 고르는 가장 중요한 요소는 미래가치가 높고 현재 이용가치가 있는 땅이다. 내가 선정한 지역이 개발 호재가 있어 미래가치가 높은 지역인지, 내가 투자하고자 하는 땅이 개발할 수 있는 이용가치가 있는 땅인지만 확인하면 된다. 어떤 땅을 투자해야 할지 고민하지 말고 이것만 반드시 체크하자.

① 수요층이 찾을 만한 입지인가?

(미래가치 → 투자수요, 실수요)

② 땅 주변은 어떤 시설이 있는가?

(공장, 창고시설, 주택가, 상가 등)

③ 원형지 땅인가? 토목 공사된 땅인가?

④ 개발이 가능한 땅인가?

⑤ 주변 시세 대비 적정한가?

How 어떻게 만들 것인가? 어떤 땅을 투자해야 할지 선택했다면 최종적으로 어떻게 땅을 개발할 것인지 결정하는 일만 남았다. 주택용지, 상가용지, 창고 및 공장용지에 투자하여 부지조성공사만 할 것인지, 건물까지 올릴 것인지 결정하는 일이다. 땅 주변에는 무엇으로 형성되어 있는가? 주택지인가? 공장지대인가? 아니면 상가가 형성되어 있는가? 땅 주변의 상황과 맞춰서 개발하라. 여기서도 명심해야 할 것은 미래가치 + 토지 이용(활용)가치다.

개발행위 허가를 받으려고 하는데 마을 이장님의 동의서가 필요하다?

토지개발을 하려고 할 때 현장에서 부딪히는 일들이 빈번히 발생한다. 시·군·구청 허가담당 공무원으로부터 마을 이장님의 동의서가 필요하다는 내용과 공사 간 발생하는 민원문제다.

필자의 경험을 통해 보면 민원을 해결하는 유일한 방법은 사전에 해당 이장님을 찾아가서 공사 계획을 성심성의껏 설명하는 것이다. 이때 빈손이 아닌 부담이 없는 간식거리를 준비하고 작은 성의를 보이는 것이 중요하다. 미리 양해를 구하고 마을 이장님의 요구사항과 주의사항 등을 체크하여 공사 소음 등 신경을 쓰고 피해를 최소화할 수 있도록 노력해야 한다. 별다른 큰 문제가 없으면 보는 앞에서 "절대 안돼"라는 말은 하지 않는 경우가 대부분이다.

사례를 통해 배우는 토지개발 실전 사례

지식을 얻으려면 공부를 해야 하고, 지혜를 얻으려면 관찰을 해야 한다.
-마릴린 보스 사반트(칼럼니스트)

당신이 토지개발을 통해 평생 연봉 만들기 프로젝트^{DRP}를 본격적으로 하고자 마음을 먹었다면 앞으로 엄청난 노하우와 경험을 쌓게 될 것이다. 또한 당신이 일해서 벌어들인 연봉보다 더 많은 돈을 벌게 될 것이다. 아마도 2~3년 후에는 직장을 그만두고 본격적으로 토지개발 사업에 뛰어들 생각을 할지도 모른다.

우리는 실패 없이 투자에 성공하기 위해 학습을 하고 성공 경험을 쌓아왔다. 또한 토지 투자를 통해 자신감을 얻은 몇몇 분들은 조기 은퇴를 결정하기도 했다. 당신도 조기 은퇴를 하고 싶은가? 그렇다면 우선 토지개발을 본격적으로 학습하라. 혼자 고민하고 투자를 하기보다는 반드시 전문가에게 코칭을 받는 것이 실패를 줄일 수 있는 유일한 방법임을 명심하라.

토지개발용 토지는 경매 물건을 통해서도 알아볼 수 있다. 경매를 하는 이유는 싸게 낙찰받기 위해서 하는 것인데, 앞서 설명했듯이 개발업체(디벨로퍼)와 협력하면 더 좋은 물건을 현지 시세보다 싸게 매입할 수 있다. 또한 어려운 인·허가, 마케팅 등

개발 과정을 함께 공유할 수 있어 보다 쉬운 방법으로 접근할 수 있다. 우리는 노력 끝에 수십 년 동안 현지에서 개발사업 경험이 있는 디벨로퍼를 만날 수 있었다. 해당 사업부지는 약 1만 5천 평 정도로 현지 시세 대비 절반 가격도 안 되는 가격으로 매입한 사실을 확인했다. 넓은 면적의 땅은 작은 면적의 땅보다 저렴하게 도매가격으로 매입할 수 있고, 디벨로퍼가 지주 작업을 통해 매매가격을 최대로 낮출 수 있기 때문이다. 우리는 사업부지 1만 5천 평 중에서 약 2,200여 평의 땅을 함께 진행할 것을 협력하고 최초 매입 가격에 수고비를 더하여 계약을 진행했다. 수고비를 더하고도 현지 시세보다 저렴한 가격이었다.

우리가 주목한 지역은 경기도 양평이다. 미래가치가 높은 곳, 저평가된 지역이면서 개발 이슈가 확실한 지역이어야 했다. 양평은 수도권정비계획상 자연보전권역으로 수질보전구역으로 규제가 심한 곳이다. 따라서 대규모 산업단지, 신도시 건설이 제한되어 있다. 왜 이런 지역을 선택했을까? 이유는 딱 하나다. 국토교통부 '광역교통 2030'계획에 나온 서울 양평 고속도로 사업이다. 서울 양평 고속도로가 개통되면 잠실까지 15분대 주파가 가능하다. '강남 접근성이 좋아지는 저평가된 지역' 바로 양평을 선택한 이유다. 잠실 송파 - 하남 교산 신도시 - 광주 퇴촌면 - 양평 양서면을 잇는 사업으로 감일 구간에서 교산 신도시(상사창IC) 구간 5km는 우선 착공한다. 아직 고속도로 사업은 초기이지만 현지에서는 이미 고속도로 IC 위치를 알고 있었다. 하남과 광주지역은 개발제한구역(그린벨트)로 토지개발 사업이 제한되고 이미 땅값이 많이 오른 상태라 고려하지 않았다. 서울 양평 고속도로 IC 종착지점의 반경 1km 내·외에 있는 수혜지역 중 개발 가능한 땅이 우리의 타겟이었고, 적절한 타이밍에 운이 좋게 토지개발 사업을 진행할 수 있게 됐다.

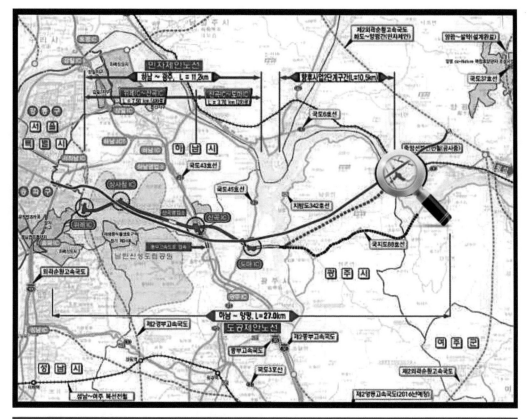

서울 양평 고속도로 노선도

양평은 땅값이 크게 폭등하지는 않으나, 전원주택 수요층에 의해 꾸준한 거래가 이뤄지고 있다. 서울 양평 고속도로 호재로 강남 접근성이 좋아지고, 고속도로가 발표-착공-개통 단계별로 IC 주변 땅값은 큰 폭으로 상승한다는 경험에 비추어 볼 때 미래가치가 높다. 특히 강남 접근성이 좋아짐에 따라 고속도로 발표 시점 투기수요 (제3수요) 층이 몰리게 돼, 가격상승을 가져올 것으로 기대된다. 따라서 현 시점 저평가되어 있고 미래가치가 높은 지역을 양평으로 선정하고 고속도로 IC 주변의 땅에 토지개발 프로젝트를 진행하게 됐다.

서울 양평 고속도로 IC 주변 입지분석 Note

서울 양평 고속도로 IC 종착점의 최대 수혜지역은 양서면 도곡리와 국수리가 될 것으로 예상된다. 국수리는 경의중앙선 국수역을 중심으로 전원주택 단지가 많이 형성되어 있다. 도곡리, 국수리 주변 토목공사가 완료된 땅의 현재 시점 시세가 120만 원~150만 원으로 원형지 토지의 매입가격을 50만 원~80만 원 정도로 투자한 후 2년이 경과된 시점에 160만 원~200만 원으로 매도한다면 쉽게 2배 이상 차익을 실현할 수 있을 것이다.

토지개발은 미래가치가 높고 저평가된 지역 + 현재 이용가치(개발가능한 땅)가 핵심이다. 도로와 철도는 항상 해당 지역에 바람을 일으킨다. 고속도로나 역세권 이슈를 놓쳐선 안 되는 이유다. 또한 해당 지역이 너무 높은 가격에 형성되어 있으면 소액으로 투자하기가 제한되고 2배 이상 차익을 실현하기가 어렵다. 따라서 반드시 저평가 된 지역 중 개발 가능한 토지를 선점해야 한다.

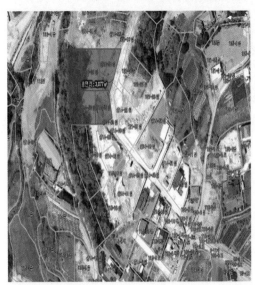

토목공사 완료 토지 (국수리) - 임야 1,000평 개발부지 / 평당 128만원

토목공사된 땅시세 분석 Note

토지개발을 통해 평생 연봉 만들기 프로젝트를 하고 싶은가? 그렇다면 우선 전문 지식과 기술을 배워라.

토지개발 수익성 분석

토지 매입비용 150평 × 60만 원 = 9,000만 원
허가비용 150평 × 4만 원 = 600만 원
토지 설계 비용 약 200만 원
취·등록세 9,000만 원 × 약 5% = 450만 원
합계: 10,250만 원

- -

예상 대출 금액　　　　　5,000만 원
2년 이자 비용　　연 4% 금리 시 400만 원
초기 필요자금(종잣돈)　　5,650만 원

- -

토목공사 비용(2년 경과시점) 3,000만 원
▶ 토목공사 비용 부족 시: 지주공동사업 진행

- -

토지 매도가격 150평 × 160만 원 = 24,000만 원
양도소득세 (사업용토지 1억5천 미만 35%) 3,240만 원
(법인으로 매각 시 법인소득세 10%) 1,075만 원
예상 순이익　 7,110만 원
법인 매각시 ▶ 9,275만 원

레버리지와 절세로 수익률을 높여라

충분히 크고 튼튼한 지렛대만 있다면 지구도 들어 올릴 수 있다.
-아르키메데스(고대 그리스 수학자)

정부의 강도 높은 주택담보 대출 규제와 세금 규제로 인해 이제는 주거용 부동산에는 수익률을 기대하기가 어려워졌다. 임대사업자 혜택 축소, 법인 주택에 대한 세금폭탄 정책까지 등장했다. 반면에 토지는 규제가 덜하여 레버리지를 활용한 높은 수익률과 함께 절세할 기회가 있다.

비사업용 토지를 사업용 토지로 바꿔라!

비사업용 토지에는 양도세 중과 규정이 있다. 대부분 토지 투자를 한 사람들은 비사업용 토지를 가진 경우가 많은데, 어떻게 하면 비사업용 토지를 사업용 토지로 바꿀 수 있을까? 바로 토지개발을 통해서 가능하다. 소득세법 시행규칙 제83조의 5항에 따라 토지를 취득하여 착공한 경우에는 토지를 취득한 시점으로부터 2년간 사업용으로 판단한다. 다시 말하면 토목공사를 착공한 기간에는 사업용 토지로 판단한다는 뜻이다.

토지를 취득하고 2년이 지나 3년째에 매도한다고 했을 때 농지나 임야 상태 그대로 매매하면 재촌과 자경을 충족시키지 않아 비사업용 토지로 분류되어 양도소득세가 중과되겠지만, 2년이 지나고 3년이 되어가는 시점에 개발행위 허가를 득하고 건축허가를 받아 착공계 접수까지 마치고 토지를 매도하면 되는 것이다. 따라서 양도일 직전 3년 중 2년을 사업용으로 사용한 경우에 해당하므로 사업용 토지로 분류되어 양도세 중과를 피할 수 있게 된다.

비사업용에 대한 양도세 중과 기준은 누진세에 탄력 세율을 붙이는 것이므로, 1년이 되는 시점에 매도하면 양도소득세의 단기 중과세를 적용받아 사업용과 비사업용 토지를 따져봤자 실익이 없다. 1년 되는 시점에 매도하면서 양도소득세를 줄일 수 있는 방법은 없다. 가장 좋은 방법은 토지를 취득하고 개발행위 허가를 득한 후 2년이 되는 시점에 건축 허가 및 신고를 득하여 착공계 접수까지 마친 후 매도하는 것이다.

양도소득세는 재산의 소유권을 양도할 때 소득이 발생한 부분에 대해서 부과되는 조세를 말한다. 양도란 매매나 교환 등으로 소유권이 타인에게 유상으로 옮겨가는 것을 가리키며 양도소득(양도차익)이란 양도가액에서 취득가액과 필요경비 및 공제금액을 제외한 소득이다. 기본적인 양도소득세 계산법은 아래와 같다.

양도가액 - 취득가액 - 필요경비 = 양도차익,

양도차익 - 장기보유특별공제 = 과세표준,

과세표준 × 세율 = 산출세액

보유기간	과세표준	사업용 토지		비사업용 토지	
		세율	누진공제액	세율	누진공제액
1년 미만	·	50%	0	50%	0
1년 이상~2년 미만	·	40%	0	40%	0
2년 이상	1200만 원 이하	6%	0	16%	0
	1200만 원 초과 ~4600만 원 이하	15%	108만원	25%	108만원
	4600만 원 초과 ~8800만 원 이하	24%	522만원	34%	522만원
	8800만 원 초과 ~1억5천만 원 이하	35%	1490만원	45%	1490만원
	1억5천만원 초과 ~3억원 이하	38%	1940만원	48%	1940만원
	3억원 초과~ 5억원 이하	40%	2540만원	50%	2540만원
	5억 초과	42%	3540만원	52%	3540만원

보유기간과 양도차익에 대한 과세표준 및 산출세액

1인 법인 설립으로 양도소득세가 아닌 법인소득세로 절세하라!

개인이 토지를 매각하는 경우 양도소득세를 내야 한다. 반면에 법인이 토지를 매각한 경우에는 법인세를 부담한다. 법인은 그 해에 양도하여 생긴 이득에 대하여 다음해 3월에 법인세 신고를 하면 된다. 법인의 이익이 2억 원 이하이면 10%, 2억원 초과 200억 원 이하이면 20%의 법인세를 부담한다. 그러나 개인과 마찬가지로 비사업용 토지이면 추가로 10%의 법인세를 내야 한다. 따라서 법인도 마찬가지로 사업용 토지로 바꿔야 10%의 중과세를 면할 수 있다.

법인세도 누진세 구조이기 때문에 2억까지는 10% 계산하고, 추가되는 이득에 대하여는 그에 맞는 세율을 곱해서 계산하면 된다. 비사업용 토지는 농지, 임야, 법인의 업무와 직접 관련이 없다고 인정할 만한 타당한 이유가 있는 토지를 말한다. 예를 들어 농업법인인 경우는 농지는 사업용 토지이므로 비사업용 토지가 아니다. 주의할 것은 농지 등이란 지목이 아니라 실제로 농지 등으로 사용한 것을 말한다. 실제로 사용했는지 분명하지 아니한 경우에는 공부상의 등재현황에 의한다. 따라서 농지를 취득하여 실제로 농업용으로 사용하지 않으면 비사업용으로 본다.

농업법인이 아닌 일반법인은 농지를 소유할 수 없다. 농지취득자격증명서를 발급받을 수 없기 때문이다. 하지만 법인이 농지 등기 이전에 법인 명의로 개발행위 허가를 득하게 되면 그 허가증을 첨부하여 농지취득자격증명서을 발급받을 수 있다. 농지 취득 목적이 개발사업용으로 지목이 농지인 땅을 취득한 것으로 보기 때문이다. 법인의 경우 사업용 인정여부를 미리 계획해서 세금 전략을 세워야 한다.

과세표준	세율	누진공제액
2억 원 이하	10%	0
2억 원 초과 ~ 200억 원 이하	20%	2,000만원
200억 초과 ~ 3천억 원 이하	22%	4억 2,000만원
3천억 원 초과	25%	94억 2,000만원

법인세 과세표준 및 세율

토지개발용 토지는 대출이 쉽다. 만약 도로 지분이 포함된 농지나 임야이면서 개발이 가능한 토지일 경우 감정평가에 따라 통상 60% 정도의 대출을 받을 수 있다. 경매물건일 경우 경락대금 대비 최대 80%까지도 나온다. 대출도 여러 곳에 문의해서 알아보는 노력이 필요하다. 같은 은행이라도 지점마다 다르고 심지어 같은 지점이라도 담당자마다 다르다. 은행 지점마다 감정평가사가 다르고 담보인정비율도 다르기 때문이다.

토지개발 사업은 레버리지를 활용하면 수익률을 극대화할 수 있다. 최대한 대출을 활용하고 절세 전략을 통해 수익률을 높일 수 있도록 하는 것이 현명한 방법이다.

<1억 투자로 평생 연봉 만들기 프로젝트 ▶ 소규모 토지개발 디벨로퍼의 5가지 성공다짐>

① 높이 오르고 싶은 땅의 특성처럼 진취적이고 긍정적인 마인드를 가진다.

② 부동산의 소비자가 아닌 생산자가 된다.

③ 지식과 경험을 쌓는 일에 돈과 시간을 아끼지 않는다.

④ 자만과 욕심은 금물, 소규모 토지개발에 집중한다.

⑤ 철저히 분석하되, '타이밍'을 놓치지 않는다.

PART 3

CONCEPT 2

청약통장 없이 저렴하게
아파트 분양받는 방법
▶▶ 환지 투자 Land Substitution project

나는 아파트가 될 땅을 찾는다 '도시개발사업 환지換地'

항아리를 보지 말고, 그 항아리에 든 것을 보아라.
-탈무드

"토지 투자로 청약통장 없이 아파트를 저렴하게 분양받을 수 있다고?"

환지換地, Land Substitution를 제대로 이해하면 가능하다. 대다수 많은 사람들이 아파트 분양 시장에 몰린다. 한국감정원이 2020년 상반기 아파트 청약결과를 분석한 결과, 1순위 청약경쟁률은 전국 27.7대 1, 수도권 34.5대 1, 지방 19.9대 1 등으로 집계됐다. 수도권은 2019년 하반기의 경쟁률(16.6대 1)에 비해 2배 이상 상승했다. 이렇듯 신규 아파트 수요가 급증하고 '로또 아파트'란 말이 나오면서 청약가점이 웬만큼 높지 않고서는 아파트 청약에 당첨되기란 쉬운 일이 아니다. 아파트는 사람이 거주해야 하는 필수 부동산임으로 그만큼 수요가 많고 경쟁도 치열할 수밖에 없다. 향후 아파트를 실수요가 아닌 투자관점으로 접근한다면 높은 경쟁률과 정부의 고강도 규제 속에서 실제 수익을 내기란 더욱 어려워질 것이다.

아파트는 누가 어떻게 지을까? 무슨 일이든 생산자 관점으로 생각을 바꾸면 훨씬 많은 돈을 벌 수가 있다. 맛있는 요리도 그 요리를 만드는 방법을 알면 생산자가 되는 것이고, 좋은 제품도 그 제품을 만드는 방법을 알면 생산자가 된다. 하지만 많은 사람들이 "생산자가 되는 것은 매우 어려운 일이고 탁월한 사람들만 할 수 있어!"라고 말을 한다. 이런 인식 때문에 우리는 시장에서 우위를 점하고 내가 만든 모든 생산재로부터 소비자에게 돈을 받는다.

아파트를 건설하는 사업 시행자나 건설사가 토지 위에 아파트를 분양하고 짓는다. 이것은 각종 개발관련 법률과 제도, 사업 절차에 따라 진행된다. 따라서 법률과 제도를 이해하고 투자적인 관점으로 접근하면 아파트를 건설하는 사업 시행자로 참여할 수 있게 된다.

환지[1]換地, Land Substitution는 말 그대로 바꿀 환換, 땅 지地로써 새롭게 조성된 땅으로 바꿔 주는 것을 말한다. 다시 말하면 임야나 농지 등을 아파트나 단독주택 등을 지을 수 있는 땅으로 되돌려 받는 토지를 말하는 것으로, 도시개발사업에서 적용하는 사업방식 중 환지 방식에 해당한다. 환지 방식의 내용을 잘만 이해하면 토지 투자의 불확실성을 제거할 수 있고 확실한 수익을 얻을 수 있다.

솔직히 필자가 환지 투자에 관해서 방송과 SNS 등을 통해 공개한 이후 2 ~ 3년 전에 비해 많은 사람들이 알게 되었으며, 다른 전문가들과 경매 학원에서도 여러 차례 소개가 되었다. 이로 인해 필자는 최근 환지 경매물건에 입찰했으나 두세 차례 패찰하는 사례가 생겨났다. 또다시 이 책을 통해 더 많은 사람들이 노하우를 알게 되고 경쟁자도 많이 생겨날 것이다. 하지만 언제든 시장은 움직이고 손 바뀜도 일어난다. 그

---

1 **환지**(換地) : 현재 사용하고 있는 토지에 도로, 공원, 교육시설, 문화시설 등 공공시설을 배치하고, 주택건설에 적합한 토지로 조성한 후 되돌려 받는 사업 방식

리고 필자 역시 한 단계 더욱 성장할 것이다. 결국 문제는 좋은 땅을 보는 '눈'과 적시 적절한 '타이밍' 아니겠는가?

우리나라의 대표적인 2개의 개발사업

토지 투자의 꽃은 개발이다. 개발사업을 알아야만 토지 투자에 성공할 수 있다. 개발사업은 법률과 제도를 알아야 하는데 그 내용이 방대하고 어려운 용어들이 많다. 어려운 만큼 진입장벽도 높다. 반면에 진입장벽이 높은 만큼 나에게 돌아오는 '파이'가 크다. 이해를 돕기 위해 최대한 쉽게 사례를 들어 설명하였으니 학습에 도움이 되길 바란다.

우리나라는 주택을 공급하기 위한 제도로 대표적인 2개의 개발사업이 있다. 정부가 주도하는 택지개발사업과 민간·공공이 주도하는 도시개발사업이다.

구 분	택지개발사업 (택지개발촉진법)	도시개발사업 (도시개발법)
사업목적	특별법의 지위로서 주택 공급 목적으로 도시 외곽의 대규모 신도시 개발에 적용	다양한 용도 및 기능의 단지나 시가지를 조성하는 사업 ▶ 미니 신도시
상위계획	주택종합계획	도시기본계획
사업방식	수용 방식	수용, 환지, 혼용 방식 중 선택
사업시행	공공사업자만 시행 (민간 공동시행 허용)	공공, 민간, 민관공동 등 다양한 사업 시행

택지개발사업 Vs 도시개발사업

택지개발사업은 정부의 주택공급 정책에 의해 1기, 2기, 3기 신도시와 같이 대상지를 선정해 택지를 조성한 후 건설사 또는 일반인에게 공급하는 사업이다. '택지개발촉진법'에 의한 택지개발사업의 사업 방식은 '공익사업을 위한 토지 등의 취득 및 보상에 관한 법률'에 의한 사용·수용 방식이다. 주로 한국토지주택공사ᴸᴴ에서 사업을 시행한다. 반면에 도시개발사업은 '도시개발법'에 의해 도시기본계획에 의거, 개발이 가능한 용도로 지정된 지역만 도시개발구역으로 지정해 시가지나 단지로 조성하는 사업을 말한다. 사업 방식은 수용·환지·혼용(수용+환지) 방식 중 선택하여 진행하며, 민간·공공·민관공동 등 다양한 사업시행이 가능하다.

수용 방식 Vs 환지 방식

택지개발사업과 도시개발사업의 사업 방식 중 수용 방식과 환지 방식을 알아보자. 사업 방식이 수용 방식일 경우와 환지 방식일 경우 2개의 사업 방식 모두 새 땅으로 돌려받을 수 있으나 절차와 조건 등 여러 방면에서 차이가 있다. 수용 방식은 LH 등 공공기관이 '공익사업을 위한 토지 등의 취득 및 보상에 관한 법률'에 의해 토지를 매수해 택지로 조성한 후 건설회사 및 일반인에게 공급하는 방식이다. 따라서 LH 등 시행자가 토지를 매수하는 현금보상이 원칙이다. 다만, 토지주가 원하면 대토보상[2]代土補償 등 택지로 돌려받을 수 있다. 환지 방식은 바꿀 환換 땅 지地의 뜻으로 말 그대로 새 땅으로 바꿔 준다는 것이다. 따라서 환지 방식은 원칙이 환지換地이며, 예외가 현금보상이다. 이외에도 수용 방식과 환지 방식은 많은 차이가 있는데 크게 다음 5가지로

2　**대토보상**(代土補償) : 현금대신 토지로 보상하는 것을 말한다. 손실보상은 현금보상이 원칙이지만, 토지소유자가 원하는 경우로서 사업 시행자가 해당 공익사업의 합리적인 토지이용계획과 사업계획 등을 고려하여 토지로 보상이 가능한 경우에는 토지소유자가 받을 보상금 중 현금 또는 채권으로 보상받는 금액을 제외한 부분에 대하여 공익사업의 시행으로 조성한 토지로 보상할 수 있다.

요약된다.

첫째, 사업근거의 차이- 수용 방식은 토지 보상법에 따라 공공사업지구 내의 토지를 시행자가 보상 또는 수용해 사업을 시행하는 방식이다. 반면에 환지방식은 토지보상법을 적용하지 않고 도시개발법을 적용하여 지구 내 토지 소유자에게 정리 후 새롭게 조성된 토지로 되돌려 받는 방식이다.

둘째, 사업 시행자의 차이- 수용 방식은 일반적으로 국가, 지자체, LH, 지방공사 등이 사업을 시행하는데 반하여 환지 방식은 원칙상 토지 소유자 또는 도시개발사업조합이 사업을 시행한다. 그러나 지자체, LH도 지정권자(시·도지사)의 승인을 받아 환지 방식으로 개발 사업을 시행할 수 있다.

셋째, 사업절차의 차이- 수용 방식은 토지조서 작성, 사업인정, 손실보상협의, 수용재결의 절차를 거치는 반면, 환지 방식은 환지계획의 작성, 환지공람, 환지계획 인가, 환지예정지 지정, 환지처분 및 청산의 절차를 거친다.

넷째, 사업시행 요건의 차이- 수용 방식은 수용권을 가진 기관이 시행하는 일반적인 공영개발방식으로 택지 등을 집단적으로 조성하여 공급할 필요가 있는 경우에 시행한다. 반면 환지 방식은 개발사업을 시행하는 지역의 지가가 인근의 다른 지역에 비해 매우 높아 수용방식으로 사업이 어려운 경우에 주로 시행한다. 환지 방식으로 사업을 시행하고자 할 때는 사업지구 내 토지면적의 2/3 이상에 해당하는 토지 소유자와 지구 내 토지 소유자 총수의 1/2 이상의 동의를 얻어야 한다.

다섯째, 개발이익 귀속의 차이- 수용 방식으로 사업을 시행하여 발생하는 개발이익은 개발 부담금을 납부한 후 사업 시행자에게 귀속된다. 그러나 환지 방식으로 발생한 개발이익은 토지 소유자와 해당 지자체에 귀속되고 시행자는 개발이익을 향유할 수 없다.

구분	수용 방식	환지 방식
사업근거	· 토지 보상법에 따라 공공사업지구 내의 토지를 시행자가 보상 또는 수용하여 사업을 시행	· 토지 보상법을 적용하지 않고 도시개발법을 적용하여 지구 내 토지의 소유자에게 정리 후 토지로 환지 (지장물은 토지 보상법 적용)
사업 시행자	· 일반적으로 국가, 지자체, 한국토지공사, 대한주택공사, 지방공사 등이 사업을 시행	· 원칙 : 토지 소유자 또는 조합 · 예외 : 지자체, 토공이 지정권자(도지사)의 승인을 받아 개발사업을 시행
사업절차	· 토지조서 작성, 사업인정, 손실보상 협의, 수용재결의 절차	· 환지계획의 작성, 환지공람, 환지계획인가, 환지예정지 지정, 환지처분 및 청산의 절차
사업시행 요건	· 수용권을 가진 기관이 시행하는 일반적인 공영개발 방식으로 택지 등을 집단적으로 조성하여 공급할 필요가 있는 경우에 시행	· 개발사업을 시행하는 지역의 지가가 인근의 다른 지역에 비해 매우 높아 수용방식으로 사업이 어려운 경우에 주로 시행 · ⅔ 이상 토지소유자 동의
개발이익 귀속	· 개발부담금을 납부한 후 사업시행자에게 귀속	· 토지 소유자와 해당 지자체에 귀속되고 시행자는 개발이익을 누릴 수 없음
장점	· 당해 도시의 주택건설에 필요한 택지를 집단적으로 조성 · 지가가 저렴하고 기존 건물이 적은 농지 등에 적합 · 저렴한 주택지 공급 가능 · 충분한 공공용지 확보 용이 · 토지매수 완료시 민원이 발생치 않아 원활한 사업 시행 가능 · 투자 사업비의 회수기간이 빠름	· 지가가 비교적 높고 기존 건물이 산재하여 있는 지역에서도 가능 · 토지주에게 적정한 개발이익이 환수되어 토지주의 긍정적 참여로 개발 용이 · 초기 사업비는 수용방식보다 적게 투입 · 용지 배분 상 탄력적 운영 가능(공동주택 규모 비율, 비도시 지역의 단독, 공동주택지 비율 등)
단점	· 토지수용에 다른 주민반발로 민원 유발 및 사업기간 장기화 우려 · 초기사업비(보상비 등) 과다 및 사업비 확보 곤란으로 사업지연 우려 · 사업시행자에게 개발이익이 집중되어 형평성 문제 야기 · 경제적 여건(부동산 매각 부진 등)에 민감하게 반영 · 용지 배분 규정 적용	· 채비지를 매각하여 사업비를 충당하여야 하므로 부동산 경기 침체 시에는 사업비 충당에 상당한 어려움이 있음 · 절차가 복잡하고 사업비의 회수 기간이 장기 · 충분한 공공용지 확보 시 소유자 부담 다소 증가 · 부담률 60% 이하 규정으로 공공용지 확보에 법적 한계가 있음 · 사적 이익추구로 공공용지 확보 미흡 및 사업 완료 시까지 지속적인 민원발생 우려 · 부동산 투기 유발

수용 방식, 환지 방식의 차이 / 한국토지주택공사(LH)

수용 방식은 개발사업 과정에서 원주민의 토지 소유권이 사업 시행자에게 이전된 후 다시 배분된다. 수용 방식에서는 사업 시행자가 일정시점까지 사업대상지의 토지 소유권을 모두 확보하고, 사업이 완료된 이후에 다시 토지 소유권을 이전한다. 택지개발촉진법의 택지조성사업, 수용방식의 도시개발사업 등을 중심으로 설명하면, 이전은 다시 두 가지로 구분할 수 있다. 현금 및 채권보상, 대토보상과 다르다.

첫째, 현금 및 채권보상에서는 택지조성 공사가 끝난 이후 일반인에게 분양되어 토지 소유권이 시행자로부터 일반인에게 전환된다.

둘째, 대토보상의 경우는 사업 시행자에서 다시 원토지 소유자로부터 이전된다.

이와 같은 소유권 이전은 양도세 발생과 연결된다. 양도세는 소유권의 전환 발생 시에 부과되는 세금으로 현금보상 및 채권보상에 대해서는 보상시점에서 당연히 양도세가 발생한다. 그러나 기존 보유 토지를 사업시행 후 다시 토지로 공급받는 대토보상의 경우도 보상시점에서 보유토지의 소유권을 공사에 이전하고 공급계약 시점에 공사로부터 조성토지의 소유권을 다시 이전받으므로 소유권 전환이 발생하는 것으로 간주한다. 이에 대토보상에 대하여도 양도세가 발생하는 것이 원칙이나 조세특례제한법에 의해 대토보상에 대해서는 양도세를 이연시키는 예외조항을 제정하였다.

셋째, 환지 방식은 개발사업 과정에서 원주민의 토지 소유권이 사업 시행자에게 이전되지 않고 등기상 소유권이 그대로 이전된다. 즉, 새롭게 조성된 토지로 소유권 변동 없이 그대로 돌려받는다. 또한 수용 방식은 소유권 이전 등기 시까지 전매가 제한되지만, 환지 방식에서는 사업시행 중 언제든지 토지 매매가 가능하다.

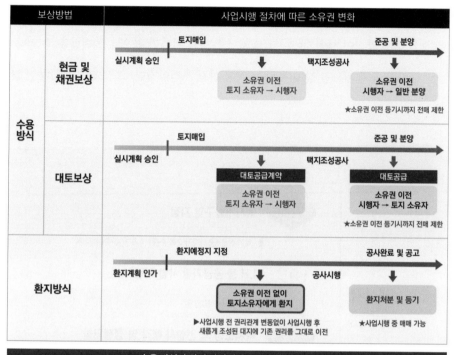

보상방법		사업시행 절차에 따른 소유권 변화
수용 방식	현금 및 채권보상	실시계획 승인 / 토지매입 / 택지조성공사 / 준공 및 분양 소유권 이전 토지 소유자 → 시행자 소유권 이전 시행자 → 일반 분양 ★소유권 이전 등기시까지 전매 제한
	대토보상	실시계획 승인 / 토지매입 / 택지조성공사 / 준공 및 분양 대토공급계약 소유권 이전 토지 소유자 → 시행자 대토공급 소유권 이전 시행자 → 토지 소유자 ★소유권 이전 등기시까지 전매 제한
환지방식		환지계획 인가 / 환지예정지 지정 / 공사시행 / 공사완료 및 공고 소유권 이전 없이 토지소유자에게 환지 환지처분 및 등기 ▶사업시행 전 권리관계 변동없이 사업시행 후 새롭게 조성된 대지에 기존 권리를 그대로 이전 ★사업시행 중 매매 가능

수용 방식과 환지 방식에서 토지 소유권 변화

이 둘의 사업 방식을 정리해 보면 다음과 같다. 수용 방식은 주로 LH 등 공공기관이 사업을 시행하며 현금 보상이 원칙이다. 다만, 토지 소유자가 원하면 현금 대신 땅으로 돌려받을 수 있다. 환지 방식은 주로 민간에서 사업을 시행하며 새롭게 조성된 땅으로 돌려주는 환지가 원칙이다. 현금 보상은 예외 적용된다. 따라서 수용 방식이든 환지 방식이든 개발 대상지의 토지 소유자라면 새롭게 조성된 땅(택지)으로 돌려받을 수 있다.

개발사업을 시행하는 사업 시행자는 사업 대상지를 선정해 택지를 조성한 후 건설사에 매각 또는 일반인에게 분양한다. 여기서 착안해야 할 부분은 대다수 많은 사람은 생산자가 만들어 놓은 제품을 비싸게 돈을 내고 산다는 것이다. 발상의 전환이 필요하다. 수용 방식인 사업지에서도 토지 소유자가 원하면 땅으로 돌려받을 수 있다. 물론 관련 법률과 제도를 잘 이해하는 것이 선결 조건이지만, 그 조건에 부합하면 그

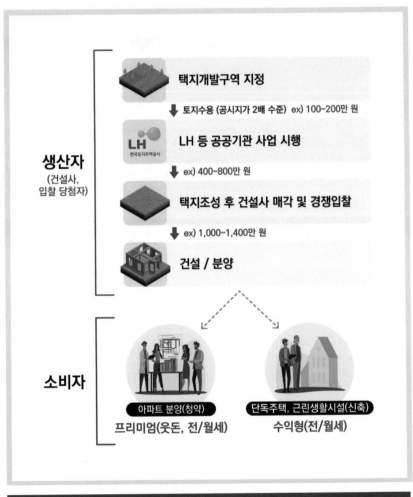

생산자
(건설사,
입찰 당첨자)

택지개발구역 지정

↓ 토지수용 (공시지가 2배 수준) ex) 100~200만 원

LH 등 공공기관 사업 시행
한국토지주택공사

↓ ex) 400~800만 원

택지조성 후 건설사 매각 및 경쟁입찰

↓ ex) 1,000~1,400만 원

건설 / 분양

소비자

아파트 분양(청약)
프리미엄(웃돈, 전/월세)

단독주택, 근린생활시설(신축)
수익형(전/월세)

수용 방식 절차도

안에서도 충분히 생산자가 될 수 있다.

　도시개발사업에 적용되는 환지 방식은 토지 소유자가 생산자가 된다. 개발 과정에서 수익을 얻을 뿐만 아니라 조합원이 되어 공동 사업을 통해 아파트를 건설 및 분양

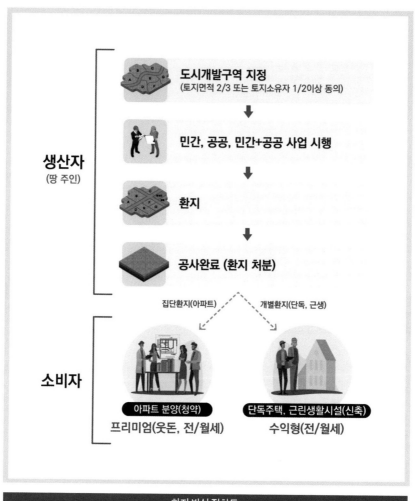

도시개발구역 지정
(토지면적 2/3 또는 토지소유자 1/2이상 동의)

민간, 공공, 민간+공공 사업 시행

환지

공사완료 (환지 처분)

생산자
(땅 주인)

집단환지(아파트)　　　　개별환지(단독, 근생)

소비자

아파트 분양(청약)
프리미엄(웃돈, 전/월세)

단독주택, 근린생활시설(신축)
수익형(전/월세)

환지 방식 절차도

을 할 수 있고, 단독주택 용지를 받아 단독으로 건설할 수도 있다. 그 과정에서 언제든지 토지 매매가 가능하여 차익도 남길 수 있다.

　개발지구 내 투자는 관련 법률과 제도를 알면 쉽게 투자할 수 있다. 하지만 대다수 사람이 법률과 제도를 잘 모르고 있거나 어렵게 생각하기 때문에 대부분 사업 시행자나 몇몇 사람들만 돈을 번다. 앞에서 언급했듯이 생산자가 되어야 부자가 될 수 있다. 토지 투자도 생산자가 되어야 한다.

환지 대상지를 어떻게 찾을까?

수강생들이 자주 묻는 내용이다. '2019년 말 기준 전국 도시개발구역 현황 통계'에 따르면 도시개발구역으로 지정되고 사업이 진행 중인 곳은 306개, 이 중 환지 방식 사업 대상지는 무려 151개나 된다. 이렇게 환지 대상지가 많다는 것은 투자의 기회다. 그렇다면 어떻게 찾을까?

첫째, 전국개발정보 지존(http://www.gzonei.com) 사이트를 활용한다. 전국의 각종 개발사업 현황이 잘 정리돼 있으며, 도시개발사업 관련 정보를 얻을 수 있다(유료).

둘째, 아쉽게도 공기업에서는 개발정보를 한 눈에 볼 수 있는 사이트는 없다. 그래서 나는 매일 아침 인터넷 검색창에 '도시개발사업 환지'에 대해 검색한다. 새로운 뉴스가 나에겐 곧 정보다. 하나도 빠짐없이 지나치지 않고 꼼꼼하게 체크한다. 결국 찾고자 하는 관심과 열정이 있다면 보이지 않던 것도 보이게 된다.

02 도시개발사업을 알면 돈이 보인다

올바른 지식은 인생을 항해하는데 필요한 도구를 제공한다.
-레오 버스카클리아(작가)

환지 방식은 '도시개발법'에 의한 도시개발사업의 사업 방식이다. 따라서 도시개발사업의 개념부터 관련 법률과 사업 절차 등을 먼저 알아야 한다.

도시개발사업은 종전 토지에 개발구역을 정해서 토지구획을 정리하여 복합단지나 시가지로 조성하는 사업이다. 도시개발사업의 시행자는 국가나 지방자치단체, 공공기관, 정부출연기관, 지방공사, 도시개발구역의 토지 소유자 등이 있으며, 사업 방식

도시개발구역지정 | 도시개발사업시행 > 수용 방식, 환지 방식, 혼용 방식 | 복합기능의 단지조성

도시개발사업의 개념

은 수용·환지·혼용(수용+환지) 방식이 있다.

　국토교통부가 2020년 3월 발표한 '2019년 말 기준 도시개발구역 현황 통계'에 따르면, 도시개발법 시행(2000. 7. 28.) 이후 현재까지 지정된 전국 도시개발구역의 수는 524개, 총 면적은 167.5㎢로 여의도 면적(2.9㎢)의 약 58배 규모이며, 이중 218개(58.2㎢) 사업이 완료되고 306개(109.3㎢)는 시행 중인 것으로 조사됐다. 지역별로는 개발 압력이 높은 경기도가 172개 구역으로 가장 많았고 경남(59개), 충남(59개), 경북(46개) 등의 순으로 나타났다.

사업시행 방식은 수용 48.4%, 환지 49.3%, 혼용 2.3% 비율

　사업시행 방식은 수용 48.4%, 환지 49.3%, 수용과 환지 방식을 혼용하여 시행하는 혼용 방식이 2.3%로 나타났으며, 사업시행자별로는 민간시행자가 차지하는 비율이 68.0%로, 민간사업의 비중이 공공시행자보다 상대적으로 높았다.

기존 도심으로부터 5㎞ 이내에 60% 이상 도시개발구역 입지

　전체 524개 구역 중 60.9%(319개)가 관할 행정구역 내 기존 도심으로 부터 5㎞ 이내에 자리잡고 있고, 5㎞ 이상 ~ 10㎞ 미만이 24.0%, 10㎞ 이상 ~ 20㎞ 미만이 13.4%, 20㎞ 이상은 1.7%에 불과하여 대부분 기존 도심에 인접하여 입지가 결정되고 있으며, 도심과 개발입지 간 평균거리는 5.1㎞인 것으로 분석되었다.

도시개발구역 지정 이후 사업 완료까지 평균 6.3년 소요

　도시개발구역 지정 이후 사업완료까지는 평균 약 6.3년이 소요되었고, 3년 이하

17.9%(39개), 4~5년 33.0%(72개), 6~10년 36.7%(80개), 11~15년 11.9%(26개), 16년 이상 소요된 사업은 0.5%(1개)로 조사되었으며, 사업방식별 시행기간을 보면 수용 방식은 평균 5.2년, 환지 방식은 평균 7.5년이 소요되는 것으로 분석되어, 수용 방식이 환지 방식에 비하여 사업기간이 짧은 것으로 나타났다.

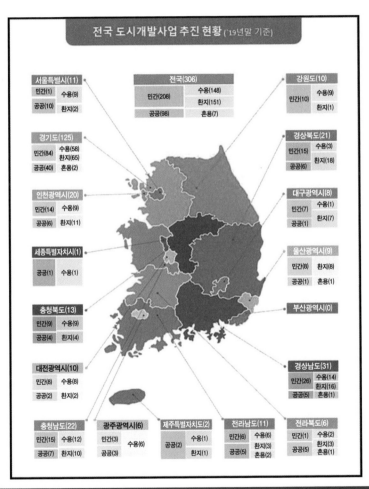

전국 도시개발사업 추진 현황 / 국토교통부(2020.3.26)

도시개발사업의 지정권자는 특별시장, 광역시장, 도지사 및 인구 50만 이상의 대도시장이 원칙이며, 예외적으로 국가시행사업, 공공기관이 국가계획과 밀접한 사업을 국가에 제안(30만㎡이상)하는 경우에는 국토교통부장관이 지정할 수 있다.

도시개발사업 지정요건으로 도시지역은 주거ㆍ상업지역(1만㎡ 이상), 공업지역(3만㎡ 이상), 자연녹지(1만㎡ 이상)이며, 비도시지역(30만㎡ 이상, 예외적인 경우 20만㎡ 이상)은 광역도시계획 또는 도시ㆍ군기본계획상 개발 가능한 지역(시가화 예정 용지 등)과 광역도시계획 또는 도시ㆍ군기본계획 미수립지역(자연녹지, 계획관리지역에 한정하여 지정, 취락지구, 개발진흥지구, 지구단위계획구역) 면적 제한 없이 지정할 수 있다. 구역지정 요건을 자세히 살펴보면, 비도시지역은 도시기본계획상 개발이 가능한 지역(시가화예정용지 등)이 해당되며, 자연녹지 및 계획관리지역은 도시기본계획에 미수립지역에 한정하여 지정하고 있다. 또한 취락지구, 개발진흥지구, 지구단위계획구역은 면적에 제한 없이 구역지정이 가능하다. 도시개발사업은 상위법령인 도시기본계획을 바탕으로 계획이 된다. 택지개발사업 및 도시정비사업과 달리 사업 방식이 수

수용·사용 방식	환지 방식	혼용(수용+환지) 방식
·토지 수용법에 따라 시행자가 매수하여 개발	·사업 후 기존 권리를 새롭게 조성된 토지에 이전	·환지와 수용 방식 구역 구분 ·구역 내 원하는 토지
·기간 조성이 빠르다 ·개발이익이 없다	·기간 조성이 길다 ·개발이익 주민 환원	·재정착 유도 ·수용+환지=혼용방식
·초기비용 과다 ·주민 재정착의 곤란 ·매수에 따른 반발	·환지 처분에 따른 민원 ·체비지 매각 지연 문제 ·기반시설 용지 확보난	·환지 요구 수요 과다 ·부분적 난 개발 ·시행 구역 간 형평성 문제

용·환지·혼용 방식 중 선택적이고 공공·민간·민관공동출자 등 사업시행도 다양하여 최근의 도시 패러다임에 적합한 개발사업이다.

도시개발사업의 시행방식은 수용·사용 방식, 환지 방식, 혼용 방식으로 구분된다. 보통은 국가나 공공의 이익을 위주로 한 공영개발은 수용·사용 방식이며, 민간시행자와 토지소유자 조합에 의한 개발 방식은 환지 방식으로 이루어지고 있다.

도시개발사업의 환지 방식 절차는 크게 4단계로 이루어진다. 사업 기간은 도시개발사업 제안 단계부터 시행 단계까지 사업지별로 상이하나 사업 기간이 평균 5년 ~ 7년 정도로 장기간 소요된다. 하지만 사업 단계별 토지의 가격이 상승하며, 사업 기간에는 언제든지 토지 매매가 가능하여 사업 단계별 땅값이 상승한다. 따라서 해당 도시개발사업 대상지가 어느 단계인지 점검하고 적절한 타이밍에 적당한 가격으로 토지를 매입하면 된다. 사업 대상지를 선택할 때는 소비자가 선호하는 입지 조건을 갖

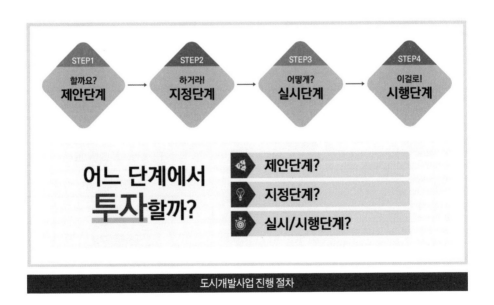

도시개발사업 진행 절차

추었는지 생산자 관점에서 살펴봐야 하며, 해당지역 도시개발사업이 원활히 진행될 수 있는지 점검해야 한다. 혹시라도 사업이 무산될 가능성이 있는지 체크해야 하는데, 사업 시행자의 신뢰성, 미래가치(고속도로, 철도망 등의 사업성) 등 타당성을 객관적으로 꼼꼼하게 살펴보고 선택해야 한다.

도시개발사업을 재개발사업과 비교하면 더욱 쉽게 이해할 수 있다. 일반적으로 재개발 투자는 많은 사람들이 쉽게 접근할 수 있고, 쉬운 만큼 투자 수요도 많기 때문이다. 재개발사업과 도시개발사업은 개발과정에서 사업주체와 사업방식 등 유사하다고 볼 수 있다. 다만, 재개발사업은 도시 및 주거환경정비법, 도시개발사업은 도시개발법을 기준으로 사업이 진행된다. 또한 재개발사업은 토지와 건물을 대상으로 토지 또는 건물 소유자에게 조합원 자격이 주어지며, 아파트를 분양을 받을 수 있는 권리인 환권換權으로 돌려받는 것을 말한다. 반면에 도시개발사업은 토지만을 대상으로 도시개발구역내 토지 소유자 모두에게 조합원 자격이 부여되며, 조합사업인 경우 환지換地 방식으로 새롭게 조성된 땅으로 돌려받는다.

구 분	재개발사업 (도시 및 주거환경정비법)	도시개발사업 (도시개발법)
개발 목적	도시 정비 시설 및 주거환경 개선	다양한 기능의 단지 및 시가지 조성
사업 주체	공공, 민간(조합), 공공+민간	공공, 민간(조합), 공공+민간
사업 방식	관리처분(환지/환권)	수용, 환지, 혼용 방식
상위 계획	도시 및 주거환경정비계획	도시기본계획
특 성	·토지와 건물을 대상 ·조합원 자격→토지 또는 건물 소유자 ·정비계획수립 대상 지역 및 재개발 지정요건 충족 시 추진	·토지만을 대상 ·조합원 자격→사업 구역 내 토지 소유자 ·계획적인 도시개발이 필요하다고 인정되는 때 시·도지자 직권 결정

택지개발지구로 지정되면 지역 내 토지는 수용(매수)된다. 이때 주변지역 땅을 잘 고르면 '대박'을 칠 수 있는 2가지 이유가 있다.

첫째는 토지 소유자들에게 대규모 토지보상비가 풀려 인근 땅값 상승에 영향을 미친다. 개발행위로 토지를 수용당한 사람이 허가 구역 안에서 같은 종류의 토지를 구매하는 경우 취득세가 면제되는 혜택(부동산 대체 취득)을 누릴 수 있어 인근 지역 땅값이 상승하게 된다.

▶ 토지수용 등으로 인한 대체취득에 대한 감면

공익사업으로 부동산이 매수 혹은 수용당한 뒤 해당사업 인정고시일 이후에 그 보상금을 받은 날부터 1년 이내에 요건에 해당하는 지역에서 다른 부동산을 대체취득하면 취득세를 면제

1. 관련법령 - 「지방세특례제한법」제73조(토지수용 등으로 인한 대체취득에 대한 감면)
2. 면제대상 - 부동산 등이 수용되고 부동산 등을 대체취득하는 경우
3. 면제받을 수 있는 자 - 수용계약일 또는 사업인정고시일 현재 1년 전부터 계속하여 아래의 토지 소재지에 주민등록 또는 사업자등록을 하고 사실상 거주 또는 사업을 하고 있는 거주자 또는 사업자
   ㉠. 매수 또는 수용된 부동산이 농지인 경우 토지소재지
   가. 농지 소재지 시·군·구나 이와 잇닿아 있는 시·군·구
   나. 농지소재지로부터 직선거리 20km 이내
   ㉡. 매수·수용 또는 철거된 부동산이 농지가 아닌 경우 토지 소재지
   가. 그 소재지 구·시·읍·면 지역
   나. 그와 잇닿아 있는 구·시·읍·면 지역
4. 취득시기 - 보상금을 마지막으로 받은 날로부터 1년(자경농민의 농지인 경우 2년) 이내에 부동산 등을 취득(건축중인 주택을 분양받은 경우에는 분양계약을 체결한 날)하였을 때
5. 면제대상 지역
   ㉠. 농지 외의 부동산 등
   가. 매수·수용·철거된 부동산 등이 소재하는 특별시·광역시·특별자치시·도·특별자치도 내의 지역
   나. 가항 외의 지역으로서 매수·수용·철거된 부동산 등이 소재하는 특별자치시·군·구와 연접하는 특별자치시·군·구내의 지역
   다. 매수·수용·철거된 부동산 등이 소재하는 특별시·광역시·특별자치시·도와 연접해 있는 특별시·광역시·특별자치시·도 내의 지역(투기지역 제외)
   ㉡. 농지
   가. ㉠에 따른 지역
   나. ㉠ 외의 지역으로서 투기지역을 제외한 지역
5. 면제금액 범위 - 새로 취득한 부동산 등의 가액 합계액이 종전의 부동산 등의 가액 합계액 범위 내에서 면제하고, 종전 부동산 가액을 초과하는 경우 그 초과액에 대하여는 부과

둘째로 택지개발지구는 도로, 철도 등 도시기반시설이 잘 구축되어 있어 도시개발이 완료된 이후에도 주변으로 계속해서 도시가 확장된다. 따라서 개발지구 주변에 도로나 철도가 신설 또는 확장되는 곳을 중심으로 토지를 선별하여 투자한다면 높은 수익을 올릴 수 있다.

토지 투자의 뉴트렌드 '환지'를 아시나요?

나는 특별한 방법을 갖고 있는 것이 아니라
단지 무엇에 대해 오랫동안 깊이 사고할 뿐이다.
–뉴턴(Newton)

지금부터 본격적으로 환지 투자를 통해 청약통장 없이 아파트를 저렴하게 분양받는 방법에 관해 설명하겠다. 사실 이런 방법은 웬만한 고수가 아니고서는 잘 알지 못한다. 아마도 현지 공인중개사에게 물어보면 대부분 자기 생각을 늘어놓거나 근거 없는 설명만 늘어놓을 것이다. '환지'를 제대로 알려면 관련 법률과 제도를 이해하는 것부터 시작해야 한다. 이상하게도 법률과 제도를 근거로 이야기하는 사람은 별로 없다. 참으로 알 수 없는 일이다. 필자인 나는 특별한 방법을 갖고 있지 않다. 단지 오랫동안 연구했고 경험을 통해 부단히 학습한 결과이다. 그러니 이 글을 읽고 있는 당신도 집중하고 경험하면 충분히 지식과 기술을 얻게 될 것이다. 그럼 환지에 대해 구체적으로 하나씩 알아보자!

환지란?

옆의 그림처럼 종전에 정리되지 않은 땅을 주택건설에 적합한 새롭게 조성된 땅으

144

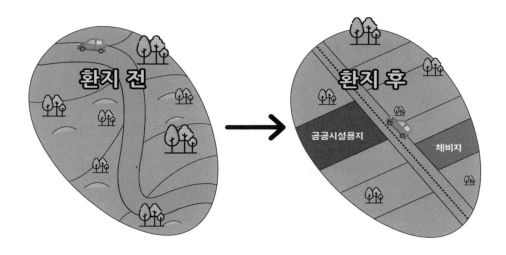

로 돌려받는 것을 말한다. 이때 도시개발구역 내 공공시설과 사업비 조달을 위해 현금이 아닌 땅으로 부담하는데 필지별 면적을 줄여서 도로, 공원 등 공공시설과 체비지替費地[1]를 확보한다. 이것을 감보라고 한다. 감보율[2]은 지역과 조합마다 다르지만 통상 50% 정도 감보(뺀다)한다. '자신의 땅을 빼앗긴다고?' 이렇게 생각하는 사람들이 많은데, 종전에 정리되지 않은 토지를 용도가 변경된 땅으로 돌려받아 토지의 가치가 상승해 총 자산이 증가하게 되어 토지 소유자로서는 상당한 이익이 되는 셈이다.

환지는 개별환지와 집단환지로 분류된다. 개별환지는 단독주택용지, 근린생활시

---

1 **체비지**(替費地) : 사업시행자금 마련을 위해 외부인에게 매각하는 땅
2 **감보율**(減步率) : 토지 구획 정리사업에서 공용지(도로·공원·학교 부지 등)를 확보하고 공사비를 충당하기 위해 토지를 공출받는 비율로, 그 비율은 개개의 소유지 위치·용도에 따라 다른데, 시행자가 지주·차지권자(借地權者)도 참여한 토지구획 정리심의회의 자문자격으로 결정하며, 사업지 전체 면적의 최고 50%를 초과할 수 없다.

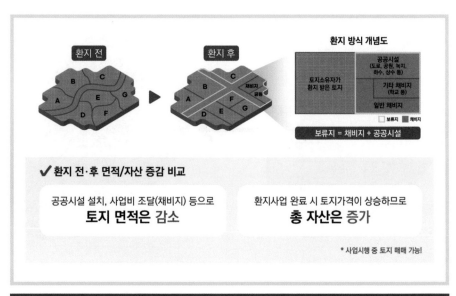

환지 방식 개념도

설용지로 환지받는 것이며, 집단환지는 공동주택용지(아파트용지)를 권리지분으로 환지받는다. 집단환지(아파트용지)를 받고자 할 때 집단환지 신청서를 작성해 제출하

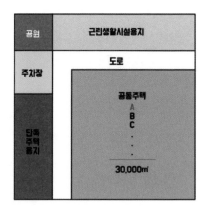

집단환지란?

**토지소유자 신청에 의하여
공동주택용지(아파트)에 권리지분으로 환지받는 것**

집단환지 미신청 토지는 일반적인 환지기준에 따라 개별환지로 지정되고, 과소토지는 금전청산한다.

고, 신청하지 않으면 개별환지(단독주택용지, 근린생활시설용지)로 지정된다. 개별환지로 지정될 경우 과소토지 기준 면적(150㎡~500㎡) 미만의 토지는 금전으로 청산된다.

과소토지寡少土地란 말 그대로 적은 면적의 토지를 말한다. 과소토지는 개별환지 지정 시 기준 면적 미만의 토지에만 해당하며, 집단환지로 신청 시에는 적용되지 않는다. 과소토지 기준 면적은 환지받은 권리면적[3]이 150㎡ ~ 500㎡(사업지별로 상이)에 미달하는 토지에 대해 환지를 지정하지 않고 금전으로 청산한다. 다만, 종전의 토지에 지정권자가 인정하는 기존의 건물이 있거나 지가가 높은 토지일 경우 증환지[4]로 지정할 수 있다.

도시개발구역 내 단독주택용지가 많을 경우 사업성이 좋지 않아 사업이 지연될 수 있다. 따라서 집단환지 신청자가 많아야 다수의 공동주택용지가 확보되어 사업성을 높일 수 있다. 또한, 공동주택용지가 단독주택용지보다 가격이 높아 토지 평균 감보율이 감소하여 토지 소유자 입장에서도 유리하다. 집단환지 신청 대상은 사업구역 내 환지대상 토지 소유자는 소유 면적 규모와 관계없이 과소토지라도 누구나 신청할 수 있다. 집단환지로 지정을 받으면 공동주택 건설사업자에게 환지받은 토지를 매각하거나 토지 소유자와 공동주택 건설사업자가 공동으로 주택건설사업(지주공동사업)을 시행할 수 있다. 또한 환지받은 면적이 일정규모 이상이라면 집단환지 후 특별구

---

3 **권리면적**(權利面積) : 종전토지의 감보면적을 뺀 나머지 면적(토지 소유자가 환지 이후 가질 수 있는 권리에 해당하는 면적)

4 **증환지**(譜換地) : 환지의 한 방법으로 환지기술상 필요 때문에 권리면적보다 면적을 증가하여 환지하는 것을 말한다. 증환지를 받은 경우에는 도시개발사업이 완료되면 그 증환지된 부분에 대해 청산금(현금)을 납부해야 한다.

역 상업용지로 변경 접수도 가능하다.

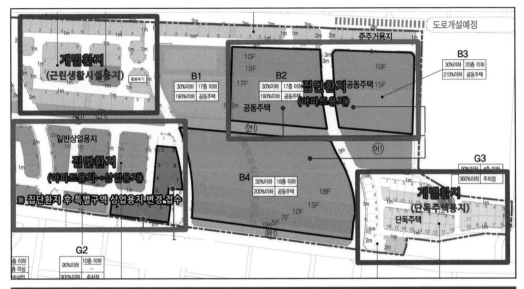

집단환지와 개별환지 사례

토지 유형별 환지 절차

사업 구역 내 소유한 토지 면적에 따라 환지 절차가 어떻게 이루어지는지 알아보자. 토지 유형별 환지 절차에 대해 관련 법률과 제도를 토대로 정리했으나 해당 사업지별로 상이할 수 있다. 따라서 도시개발법과 조합정관 등을 따져 사업구역 내 환지 대상 토지 소유자로서 권리행사를 적극적으로 어필해야 한다. 공유지분으로 투자할 경우와 2개 필지를 투자할 경우 등 토지 유형별로 환지 절차가 조금씩 다르다. 토지 유형별로 '소규모 토지, 중규모 토지, 대규모 토지, 2개 필지 이상 소유한 경우와 공유지분인 토지'로 구분하여 환지 절차를 정리했으니 관련 내용을 참고하여 환지 투자에 임하길 바란다.

소규모 토지는 과소토지이므로 개별환지로 지정이 불가하다. 단, 집단환지 신청은 가능하다. 집단환지를 신청하지 않으면 금전청산 대상이므로 환지처분 시 청산된다. 과소토지 기준 범위에 미달한 소규모 토지를 소유했다면 집단환지를 신청한 후 건설 사에 매각하는 것이 금전 청산되는 것 보다 더 빠른 기간에 현금화할 수 있는 방법이 므로 소규모 토지는 집단환지를 신청하는 것이 유리하다. 사업 준공이 지연될 경우 환지처분 시기가 지연될 수 있기 때문이다. 집단환지를 신청한 후 건설사에 매각을 하여 현금화할 것인지, 지주공동사업으로 공동주택을 건설 및 분양받을 것인지 선택 하면 된다.

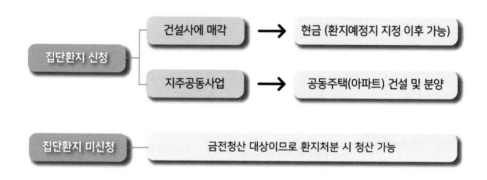

중규모 토지는 개인별 권리면적을 알 수 없어 단독과 공동 주택지를 결정하기 어 려운 유형이다. 따라서 단독과 아파트 주거 유형을 결정해야 하며 단독주택지 공급 이 부족할 경우 환지기준을 정하여 지정된다. 권리면적이 과소토지 기준 이상일 경 우 개별환지(단독주택지)로 지정된다. 만약 개별환지를 지정받지 못하면 환지계획수

립 이전에 집단환지를 신청할 수 있다.

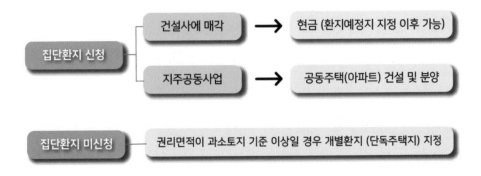

대규모 토지는 권리면적이 크더라도 개별환지를 여러 필지 지정받을 수 없다. 개별환지로 지정되면 감환지[5]된 토지는 금전으로 청산된다. 다만, 집단환지를 신청할 경우 권리면적 전부를 환지로 지정받을 수 있다. 집단환지 신청 시 분양받을 수 있는 공동주택 평형과 분담금은 향후 건설사와 별도 계약을 통해 알 수 있다.

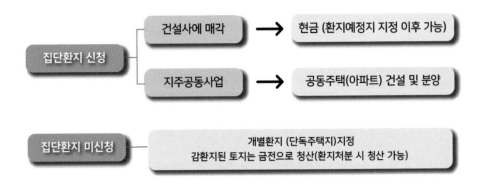

---

5 **감환지**: 환지 기준면적을 초과한 토지를 금전으로 청산하고 환지면적(소유자에게 돌려주는 토지면적)을 정하는 것

사업구역 내 2개 필지 이상 소유한 경우, 모든 필지의 가치를 합산하여 권리면적을 산정한다. 이때 집단환지(아파트용지)와 개별환지(단독주택용지, 근린생활시설용지)를 구분하여 신청할 수 있다.

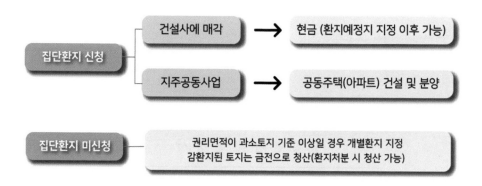

하나의 필지에 공유지분인 토지(2명 이상의 토지주)인 경우, 토지에 있는 소유권 지상권 등 모든 권리가 환지에 그대로 이전된다. 공유지분으로 개별환지(단독주택용지, 근린생활시설용지)로 지정되거나 집단환지(아파트용지)를 신청 시 집단환지 지정 후, 토지주별로 건설사와 개별 계약이 가능하다.

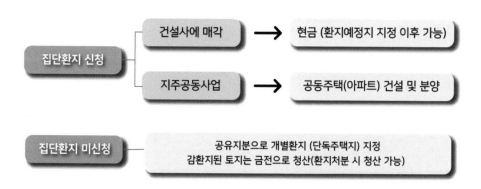

집단환지(아파트용지)를 신청할 경우 환지 청산금의 지급 시기보다 집단환지를 건설사에 매각하는 시기가 더 빨라 조기에 현금화할 수 있다. 환지 청산금의 지급 시기는 환지처분 시 청산되는데 사업 준공이 지연될 경우 지급 시기가 늦어질 수 있다. 집단환지를 지정받은 소유자가 건설사와 공동으로 주택건설사업을 시행할 경우 일반 분양 보다 저렴한 비용으로 분양 및 입주를 할 수 있다. 조합원 가격으로 저렴하게 분양받을 수 있다.

집 단 환 지 신 청 서

토지 소유현황					토지 소유자			연락처 (휴대폰)
동명	지번	지목	대장면적 (㎡)	편입면적 (㎡)	성 명	공유자인 경우 소유 지분	신청 여부	
소하동	1	대	300	300	김○○		○	
	2	전	500	500	김○○			
	3	전	650	650	김○○	1 / 3		

※ 유의사항

1. 집단환지로 신청할 토지에 대하여 신청 여부란에 ○표시해 주시면 됩니다.
2. 토지의 소유권이 공유인 경우 소유자 전원이 신청하여야 집단환지가 가능합니다.
3. 토지등기부등본과 토지대장 면적이 상이한 경우에는 토지대장 면적으로 합니다.
4. 신분을 증명하는 문서(주민등록증·여권·운전면허증 중 1개)사본 1부를 제출하여 주십시오.

본인은 상기 소유한 토지에 대하여 뒷면의 「공동주택지 집단환지 신청조건 및 유의사항」을 충분히 숙지하고 이에 동의하며 집단환지 지정을 신청합니다.

2016.　　　.　　　.

신청인　주　소 :

성　명 :　　　　　　　　　　(날인)

집단환지 신청서 양식

환지 예정지 증명

(환지예정지 지정일 1차 2015. 04. 06, 2차 2016. 11. 28)

발급번호 제 2019 - 325 호

확인자

환 지 예 정 지 지 정 조 서

| 신청인 | 성 명 | ▨▨▨▨ | 주 소 | ▨▨▨▨▨▨▨▨▨▨▨ |

환지예정지내역	종전토지			환 지 예 정 지					
	동	지 번	면적(㎡)	감보율	블럭	롯트	권리면적(㎡)	환지면적(㎡)	과도면적	부족면적	비고

| 환지예정지내역 | 동춘 | ▨▨▨▨ | 466 | 27.0 | ▨▨▨ | | 340.3 | 340.0 | | 0.3 | |
| | | | **466** | **27** | | | | **340.0** | | | |

※ 본 도면은 해당 필지의 위치를 확인하기 위한 참고 도면으로서 측량이나 그밖에 목적으로 사용할 수 없습니다.

위와 같이 환지 예정지 지정되었음을 증명 합니다.

2019 년 09 월 11 일

동춘1구역 도시개발사업 조합장

공유지분인 토지는 집단환지 지정 후 개별적으로 소유권행사가 가능해 토지 소유자별로 각각 건설사에 매각 또는 지주공동사업으로 계약할 경우 저렴한 비용으로 분양 및 입주가 가능하다. 집단환지 신청은 환지계획 작성 전 60일 이내 기간을 정해 토지 소유자에게 서면 통지하고 접수해야 한다. 대규모 토지는 권리면적이 크더라도 권리면적 전부를 집단환지로 지정받아 감환지 없이 환지받을 수 있다. 사업구역 내 여러 필지를 소유했을 경우, 일부만 집단환지로 신청할 수 있다. 환지를 지정받으면 향후 환지예정지 증명서가 발급된다.

소규모 토지, 공유지분 토지에 관한 법률 공부하고 현명하게 투자하기!

도시개발법 시행령 제32조 제4항
보유토지의 면적과 관계없는 평등한 의결권
조합은 환지 계획을 작성하거나 그 밖에 사업을 시행하는 과정에서 조합원이 총회에서
의결하는 사항 등에 동의하지 아니거나 소규모 토지 소유자라는 이유로 차별해서는 아니 된다.

도시재생과-1078, 2013.8.20
공유토지의 조합원 자격 및 의결권
공유지분 토지 소유자 전부가 조합원 자격은 있으나, 의결권은 대표자 1인만이 의결권을 가지도록 규
정하고 있다.
도시개발법 시행령 제32조 제3항[2005.8.5. 일부개정]

도시재생과-416, 2012.3.14
공유토지의 경우 대표자로 지정된 자만이 조합원이 될 수 있는지?
공유토지의 소유자라도 구역 내 토지 소유자로서 조합원이 되며, 다만 도시개발법 제32조
제3항에 따라 조합원의 권리는 대표자를 지정하여 그 대표자가 행사하게 할 수 있다.

04 환지 공동 투자로 청약통장 없이 저렴하게 아파트를 분양 받을 수 있다?

당신은 사과를 갖고 나도 사과를 갖고 서로 교환한다면,
당신과 나는 각자 사과 한 개씩 갖고 있을 것이다. 그러나 당신은
한 아이디어를 나도 아이디어를 갖고 있어서 서로 교환한다면,
우리 각자는 2가지 아이디어들을 갖고 있을 것이다.
-조지 버나드 쇼(극작가)

투자할 종잣돈이 부족한가? 적은 소액으로 현명하고 확실한 투자를 하기를 원하는가? 과연 토지 투자를 통해 청약통장 없이도 저렴하게 아파트를 분양받을 수 있을까?

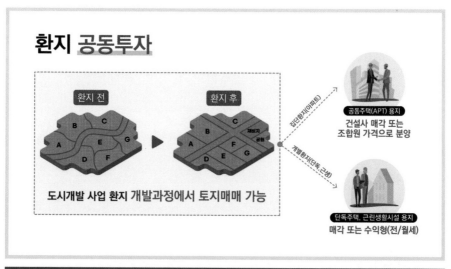

도시개발사업 환지 공동투자 개념도

'아파트 청약시장 광풍 시대'에 틈새를 찾기가 쉽지 않은 요즘, 환지 투자를 통한 방법과 현명한 투자의 지혜를 공유하겠다.

도시개발사업 구역 내 환지 방식 사업지의 땅을 '필지'로 매입할 자본금이 부족할 때, 적은 자금으로 아파트를 분양받는 방법은 바로 공유지분인 토지(2명 이상의 토지주)에 비법이 있다. 앞서 언급한 환지 방식의 제도적 내용을 충분히 이해했다면 벌써 알아차렸을 것이다.

토지를 필지 단위로 살 만한 자금력이 없는 사람에겐 하나의 필지에 공유지분으로 소유하는 방법은 투자의 기회가 된다. 예를 들어 500평인 땅 1필지에 10명의 공유지분자가 있다면(감보율 50%로 가정) 250평의 환지를 받은 토지에 공유지분자 10명이 환지에 그대로 이전(토지에 있는 소유권·지상권 등 모든 권리가 이전)되는 것이다. 만약 공유지분자 10명이 집단환지를 신청했다면 집단환지 지정 후 개별적으로 소유권 행사가 가능하여 토지 소유자별로 각각 건설사에 매각 또는 지주공동사업으로 시행할 경우 저렴한 비용으로 분양 및 입주가 가능하다.

환지 공동투자 Key-Point

공유지분(2명 이상의 토지주) 토지→집단환지(아파트 용지)

> ▶ 집단환지 신청 대상 : 사업 구역 내 환지 대상 토지 소유자는 누구나 신청
>   (소유 면적 규모와 관계없이, 과소토지도 가능)
> ▶ 공유지분 토지는 집단환지 지정 후 개별적인 소유권 행사(건설사와 계약) 가능
> ▶ 집단환지를 지정받은 소유자가 건설사와 공동으로 주택건설 사업을 시행할 경우 일반 분양보다 저렴한 비용으로 분양 및 입주 가능

필자는 원칙적으로 토지 투자를 공유지분으로 하는 것에 반대한다. 물론, 대부분 사람들이 지분투자에 대해서는 망설이게 된다. 도시개발사업 환지 방식 공유지분인 토지(2명 이상의 토지주)의 내용을 이해했다면, 이런 도시개발구역 내 환지 방식에 해당하는 토지에만 공유지분으로 하면 된다. 다른 곳은 말리고 싶다.

도시개발사업 환지 방식에서 토지 소유자는 소유 면적과 규모에 관계없이 누구나 조합원의 자격을 갖추게 된다. "도시개발법 시행령 제32조 제4항에 의거 보유토지의 면적과 관계없는 평등한 의결권을 가지며, 조합은 환지 계획을 작성하거나 그 밖에 사업을 시행하는 과정에서 조합원이 총회에서 의결하는 사항 등에 동의하지 아니 하거나 소규모 토지 소유자라는 이유로 차별해서는 아니 된다."는 차별금지 조항이 명시돼 있다. 또한 "도시개발법 제32조 제3항에 따라 공유토지의 소유자라도 구역 내 토지 소유자로서 조합원이 되며, 다만 조합원의 권리는 대표자를 지정하여 그 대표자로 하여금 행사한다."라고 규정하고 있다. 이러한 법률과 제도에 따라서 조합원의 자격을 갖추게 되고 토지의 권리를 행사하여 아파트를 일반분양가 보다 저렴하게 분양 및 입주할 수 있게 되는 것이다. 환지 방식의 사업지에서는 사업시행 중 토지 매매가 언제든지 가능하므로 사업단계별 땅값이 상승한다. 따라서 적은 종잣돈을 투자할 경우 사업초기인 사업제안단계에 투자해야 좀 더 많은 지분을 확보할 수 있다.

공유지분으로 투자할 경우 가족과 친척이 서로 의견을 모아 투자하거나 공동 투자반 그룹을 형성해 투자하는 것이 바람직하다. 공유지분 토지의 소유자라도 누구나 조합원이 될 수 있으나, 지분권자 중 대표자 1명만이 조합원의 권리를 행사(2005. 8. 5 도시개발법 제3조 3항 일부개정)할 수 있기 때문이다. 향후 집단환지 신청 등에 있어 서로 뜻이 맞지 않는다면 충분하게 권리를 행사할 수 없게 된다. 물론 혼자 하면 더 없이 좋겠지만, 함께 뜻을 모아 이익을 서로 나누면 수익도 배가 되고 기쁨도 배가 되지 않을까?

환지 투자, 법률과 제도를 공부하면 '성공확률 100%'

부동산 투자는 각종 법률과 제도를 알아야만 투자에 성공할 수 있다. 앞서 언급한 환지 방식의 법률과 제도를 이해했다면 당신은 진정한 프로다. 많은 사람이 이 부분을 놓치고 막연하게 투자에 임한다. 그렇다 보니 시행사의 먹잇감이 되거나 재투자의 기회를 놓치고 만다. 환지 방식의 제도적 내용을 충분히 이해하는 것은 어렵다고 해도 중요한 부분을 놓치지 않는다면 준비된 만큼 기회를 잡을 수 있을 것이다. 적어도 이 책을 선택한 당신은 그 누구보다 더 안정되고 확실하게 부동산 투자를 통해 부자가 될 것이라 믿는다.

사업을 시행하는 시행사 입장에서 토지 소유자들이 관련 법률과 제도를 잘 알고 대응한다면 어떻게 될까? 수용 방식의 사업지이든 환지 방식의 사업지이든 토지 소유자들이 토지 보상과 환지와 관련한 법률과 제도를 잘 알고 있다면 시행사 입장에선 난감할 수밖에 없다. 특히 환지 방식의 사업지에서는 개발 이익이 토지 소유자에게 환원되고 사업 시행자는 이익을 누릴 수 없다. 이러한 제도 때문에 사업 시행자는 사업 구역 내 토지를 될 수 있으면 최대한 많이 확보해 이익을 추구한다. 따라서 사업 시행자는 우선으로 사업 구역 내 농지가 아닌 토지를 법인으로 매입하려 한다. 농지는 법인(농업법인 제외)이 취득할 수 없기 때문이다.

도시개발사업은 비시가지를 시가지로 만드는 사업이므로 대부분 농지인 경우가 많고, 농사를 짓는 사람들이 대다수다. 농업인이 이런 법률과 제도를 잘 알고 있기란 쉽지 않다. 이런 이유로 시행사는 농지를 확보하기 위해 토지 소유자(원주민)로부터 토지매매약정서와 같은 사전 계약을 하거나, 회사에 속한 직원들의 명의로 토지를 매입하기도 한다. 이런 편법적인 방법을 통해서라도 도시개발구역 내 최대한 많은 토지를 확보하려 노력한다. 그 이유는 환지 방식의 사업지에서는 개발 이익이 토지 소유자에게 환원되기 때문이다.

다음 경매 물건은 도시개발구역 내 토지(답)로 감정가격 대비 100.07%로 낙찰됐다. 해당 토지는 준주거용지 586㎡(약 177평)로 환지가 예정된 물건이다. 3.3㎡당 약 830만 원으로 낙찰됐고, 주변의 준주거용지의 시세는 1,000 ~ 1,200만 원으로 형성되어 있다. 해당 사업지의 사업 단계는 어느 정도 사업이 진척된 준공 단계다. 입찰을 참여해 낙찰받은 곳은 법인회사다. 같은 구역 내 환지 물건도 법인회사가 낙찰을 받았다. 보통 경매 물건은 전국에서 많은 사람이 보고 있는데, 환지 방식의 도시개발지임에도 불구하고 입찰에 참여한 사람이 많지 않다. 그 이유는 무엇일까?

일반 사람들이 환지 방식을 이해하기란 쉽지 않기 때문에 해당 사업지와 연관 있는 시행사나 법인회사가 주로 입찰에 참여해 왔다. 하지만 최근에는 환지 방식의 물건에도 일반 사람들의 참여율이 높아졌다. 최근에 필자는 환지 경매에서 2번이나 패찰했다. 패찰의 원인이 나의 지나친 욕심으로 인해 낙찰 예상가를 낮게 쓴 이유도 있지만, 또 다른 물건은 입찰자가 무려 10명이나 됐다. 입찰에 참여한 우리는 깜짝 놀랄 수밖에 없었다. 이제는 어려운 환지 물건도 점점 일반화되어 가고 있다는 느낌이 든다.

평택 송화지구 환지 물건을 분석하면서 확신이 들었다. 사업구역 내 주변 토지들은 도시개발사업 시행사측에서 부동산 PF자금으로 평당 160 ~180만 원에 매입 후 대

2017타경	• 수원지방법원 평택지원 • 매각기일 : 2019.11.18.(月) (10:00) • 경매 2계(전화:031-650-3109)			

소재지	경기도 평택시 동삭동 외 1필지 [도로명주소검색] [Daum 지도] [NAVER 지도]		
물건종별	농지	감정가	1,465,000,000원
토지면적	2791㎡(844.278평)	최저가	(100%) 1,465,000,000원
건물면적		보증금	(10%) 146,500,000원
매각물건	토지 매각	소유자	
개시결정	2017-07-18	채무자	
사건명	임의경매	채권자	아유티제이차(주)

오늘조회: 1 2주누적: 1 2주평균: 0 [조회동향]			
구분	입찰기일	최저매각가격	결과
1차	2019-11-18	1,465,000,000원	
낙찰 : 1,466,000,000원 (100.07%)			
(입찰1명,낙찰:(주)실온)			
매각결정기일 : 2019.11.25 - 매각허가결정			
대금지급기한 : 2019.12.30			
대금납부 2019.12.30 / 배당기일 2020.02.12			
배당종결 2020.02.12			

사진	토지등기	감정평가서	현황조사서	매각물건명세서	부동산표시목록	기일내역	문건/송달내역
사건내역	전자지도	전자지적도	로드뷰	온나라지도+			

• 매각토지.건물현황 (감정원: 박근주감정평가 / 가격시점 : 2017.08.11)

목록		지번	용도/구조/면적/토지이용계획	㎡당 단가 (공시지가)❉	감정가	비고
토지	1	동삭동	상대보호구역,상대보호구역,도시개발구역,제1종일반주거지역,지구단위...	답 1773㎡ (536.333평)		
	2	동삭동	제2종일반주거지역,지구단위계획구역,가축사육제한구역	답 1018㎡ (307.945평)	(139,000원)	
			면적소계 2791㎡(844.278평)		소계 1,465,000,000원	
감정가			토지:2791㎡(844.278평)	합계	1,465,000,000원	토지 매각

현황 위치	* 동삭2지구 도시개발사업지구 내에 위치하는 토지로, 주위는 도시개발사업이 진행중인 지역으로제반 주위환경 보통시됨. * 본건까지 차량 출입이 가능하며 제반 대중교통사정 보통시됨. * 본건은 부정형의 토지이나 환지예정증명서 및 환지도면에 의하면 세장형의상업나지임. * 북서측으로 중로 한면에 접함.
참고사항	* 각 공부상 지목은 답이나 환지예정지의 용도는 감정평가서에 의하면 상업나지임. * 토1,2) 환지예정지증명서상 환지예정지는 준2블럭2롯트 586.0㎡이며 감정평가는 환지예정지를 기준으로 평가함. * 행정구역변경으로 '평택시 칠원동 334-6'은 '평택시 농삭동 795-6'으로, '평택시 칠원동 443-5'는 '평택시 동삭동 814-5'로 각 변경됨. * 매수인은 환지예정면적상 과도면적과 부족면적에 대한 정산후 과도면적 발생시 해당 권리금액을 조합에서 청산금으로 징수하거나 부족면적 발생시 해당권리금액을 청산금으로 조합이 교부할 수 있음. ▶토1,2) 환지예정지는 준2블럭2롯트 586.0㎡ @2,500,000원/㎡= 1,465,000,000원

평택 동삭2지구 환지 경매 사례

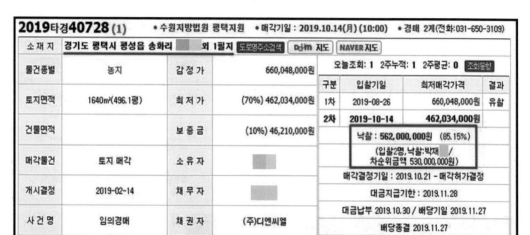

2019타경40728 (1)		• 수원지방법원 평택지원	• 매각기일 : 2019.10.14(月) (10:00)		• 경매 2계(전화:031-650-3109)	

소재지	경기도 평택시 팽성읍 송화리 ▨▨▨ 외 1필지	도로명주소검색	Daum 지도	NAVER 지도		

물건종별	농지	감정가	660,048,000원	오늘조회: 1 2주누적: 1 2주평균: 0 조회동향			
				구분	입찰기일	최저매각가격	결과
토지면적	1640㎡(496.1평)	최저가	(70%) 462,034,000원	1차	2019-08-26	660,048,000원	유찰
건물면적		보증금	(10%) 46,210,000원	2차	2019-10-14	462,034,000원	
매각물건	토지 매각	소유자	▨▨▨	낙찰 : 562,000,000원 (85.15%)			
				(입찰2명,낙찰:박재 / 차순위금액 530,000,000원)			
개시결정	2019-02-14	채무자	▨▨▨	매각결정기일 : 2019.10.21 - 매각허가결정			
				대금지급기한 : 2019.11.28			
사건명	임의경매	채권자	(주)디엔씨엘	대금납부 2019.10.30 / 배당기일 2019.11.27			
				배당종결 2019.11.27			

사진 펼쳐보기 ▼

사진	토지등기	감정평가서	현황조사서	매각물건명세서	부동산표시목록	기일내역	문건/송달내역
사건내역	전자지도	전자지적도	로드뷰	온나라지도+			

• **매각토지.건물현황**(감정원 : 대한감정평가 / 가격시점 : 2019.02.19)

목록	지번	용도/구조/면적/토지이용계획	㎡당 단가 (공시지가)⊕	감정가	비고
토지	1	송화리 ▨▨	비행안전제5구역(전술),도시개발구역,가축사육제한구역,제2종전용주거... ▼	답 519㎡ (156.998평)	397,000원 (245,700원)	206,043,000원	* 현황 전
	2	송화리 ▨▨	비행안전제5구역(전술),도시개발구역,가축사육제한구역,제2종전용주거... ▼	전 1121㎡ (339.102평)	405,000원 (255,500원)	454,005,000원	
		면적소계 1640㎡(496.1평)		소계 660,048,000원	
감정가		토지:1640㎡(496.1평)	합계	660,048,000원	토지 매각

현황 위치	• 팽성초등학교 북측 인근에 위치하며, 인근 일대는 농경지 및 임야 등이 혼재하는 마을주변농경지대로서 제반 주위환경은 보통시 됩니다. • 본건까지 차량 출입이 불가능하나, 인근에 노선버스정류장 등이 소재하여 대중교통 여건은 대체로 보통시 됩니다. • 인접지와 대체로 등고평탄한 부정형 토지로서, 현황 답으로 이용 중입니다. • 현황 맹지입니다.

평택 송화지구 환지 경매물건 사례

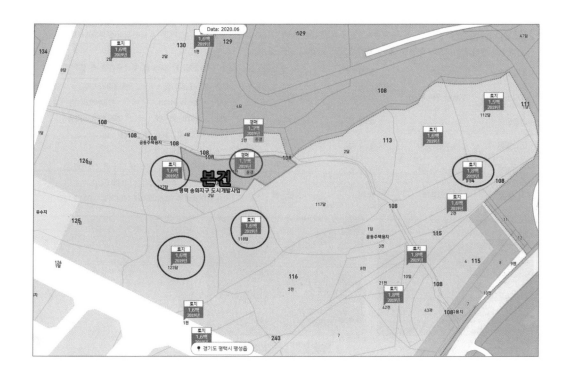

한토지신탁에 신탁(등기 이전)을 한 상태였다. 바로 단기 차익을 얻을 수 있었다. 인접 필지 중 1회차 1개 필지는 감정가 대비 100%(3.3㎡당 130만 원)에 낙찰됐는데, 해당 물건은 1회 유찰되어 감정가 대비 85.15%(3.3㎡당 110만 원)에 낙찰됐다. 만약 입찰가를 감정가 대비 100%인 3.3㎡당 130만 원에 입찰했어도 약 1억 5,000만 원의 차익을 남길 수 있었을 것이다. 과도한 욕심이 패찰의 원인이 됐다.

위 물건이야 욕심으로 인해 패찰을 했다고 해도 목포 임성지구 환지 경매물건은 입찰자가 무려 10명이나 됐다. 우리가 목포까지 내려가서 쓴웃음을 지을 수밖에 없었던 이유는 '이제는 환지 물건도 일반 사람들에게 많이 알려져 가고 있구나!'라는 사실이었다.

2019타경	● 광주지방법원 목포지원 ● 매각기일 : 2020.05.25(月)(10:00) ● 경매 3계 (전화:061-270-6693)						
소 재 지	전라남도 목포시 석현동 [도로명검색] [D 지도] [N 지도]						

물건종별	농지	감정가	400,980,000원	오늘조회: 1 2주누적: 4 2주평균: 0 [조회동향]		
토지면적	2460㎡(744.15평)	최저가	(70%) 280,686,000원	구분	입찰기일	최저매각가격	결과
건물면적		보증금	(10%) 28,070,000원	1차	2020-04-13	400,980,000원	유찰
매각물건	토지만 매각	소유자		2차	2020-05-25	280,686,000원	
개시결정	2019-05-02	채무자		낙찰 : 350,110,000원 (87.31%)			
사건명	임의경매	채권자	농협은행	(입찰10명, 낙찰: 우)			

낙찰 : 350,110,000원 (87.31%)
(입찰10명, 낙찰: 우)
매각결정기일 : 2020.06.01 - 매각허가결정
대금지급기한 : 2020.07.07
대금납부 2020.06.15 / 배당기일 2020.08.13

| 사진 | 토지등기 | 감정평가서 | 현황조사서 | 매각물건명세서 | 부동산표시목록 | 기일내역 | 문건/송달내역 |
| 사건내역 | 전자지도 | 전자지적도 | 로드뷰 | 온나라지도+ | | | |

● 매각토지.건물현황 (감정원 : 대한감정평가 / 가격시점 : 2019.05.28)

목록	지번	용도/구조/면적/토지이용계획	㎡당 단가 (공시지가)	감정가	비고
토지	석현동	도시지역,가축사육제한구역,자연녹지지역,도시개발구역,지구단위계획구역	전 2460㎡ (744.15평)	163,000원 (93,000원)	400,980,000원	* 일부 도로

목포 임성지구 환지 경매물건 사례

그렇다고 해도 환지 투자는 아직 기회가 있다. 도시는 발전하기 때문이다. 도시개발은 사업성만 확실하면 사업 단계마다 땅값이 오른다. 현재 시세보다 몇 년 후 시세가 더 오를 수밖에 없는 이유다. 두 번째로 환지에 대한 법률과 제도를 충분히 활용하면 적은 소액으로도 안전하고 확실한 투자를 할 수 있다. 앞서 설명했듯이 가족 단위 또는 공동 투자 그룹을 형성해 뜻을 모아 함께 투자하기에 매우 적합한 투자 방법이다. 세 번째로 경매 물건보다 현지 급매 물건이 더 좋을 수 있다. 필자는 항상 경매에 참여하기 전에 현지 부동산의 급매 물건을 확인한다. 입찰가격을 결정하고, 만약 입찰한 가격보다 높게 낙찰됐다면 미련 없이 현지 부동산에 가서 최고가로 낙찰된 금액보다 저렴하게 급매 물건을 계약한다. 하지만 개발지에서 시세보다 저렴하게 땅을 매입하기란 쉬운 일이 아니다. 우리는 단지 지역 분석을 통해 미래가치를 판단하고 오를 수 있는 지역을 선별하는 것이다. 이것은 수년간 다져온 나의 노하우다.

환지 투자, 가치판단 기준 5가지

먼저 당신이 원하는 것을 결정하라. 그리고 그것을 이루기 위해
당신이 기꺼이 바꿀 수 있는 것이 무엇인지 결정하라.
그 다음에는 그 일들의 우선순위를 정하고 곧바로 그 일에 착수하라.
-H.L. 린트(美 사업가)

토지 투자를 단 한 번의 실패도 없이 성공하고 싶은가? 그렇다면 '환지 투자'를 시도해 보기로 결정하고 공부하라. 앞서 설명한 환지에 대한 개념, 법률과 제도를 어느 정도 이해하고 바로 투자하라. 완벽한 투자는 없다. 투자投資는 재물을 던지는 행위로 반드시 위험성Risk을 수반하기 때문이다. 우리는 단지, 우리가 원하는 것을 결정하고 그 결정이 옳은 결정인지 몇 가지 요소를 점검하는 것에 초점을 맞춘 후 적시 적절한 타이밍에 투자해야 한다.

막상 당신이 환지 물건에 투자를 하려고 한다면 다음과 같은 문제에 봉착하게 될 것이다.

사업 진행에 대한 문제: 외부의 영향 등의 문제로 해당 사업이 무산되거나 지연되는 건 아닐까?

매입 가격에 대한 문제: 현 단계에서 너무 비싸게 사는 건 아닐까?

미래가치에 대한 문제: 감보가 되고 실제 환지를 받은 후 계속 오를 수 있는 지역인가?

현금 청산에 대한 문제: 환지에서 제외되고 현금으로 청산되는 것은 아닐까?

투자 기간에 대한 문제: 투자 후 매도 타이밍은 언제쯤일까?

부자는 옳다고 생각되는 순간 과감하게 투자한다. 남다른 결정력도 중요하지만 우리는 보다 신중하게 생각해야 하고 옳다고 생각되는 기준을 철저히 점검하여 투자에 임해야 한다. '신중'은 실수와 해를 피하기 때문이다.

환지 투자를 시도하기에 앞서 가치판단 기준 5가지를 토대로 점검하면 여러 가지 문제들이 풀리고 투자 결정을 하는데 도움을 주게 된다. 그리고 최종적으로 실패확률을 줄여 투자 성공의 경험을 가져오게 된다.

1. 저평가	2. 미래가치	3. 사업시행능력	4. 환지대상토지	5. 사업시행단계
해당 지역이 저평가된 지역인가?	도로, 철도망 신설 및 확충 등 미래가치가 높은 지역인가?	사업 시행자의 시행 능력과 신뢰성은?	해당 토지가 환지로 편입 및 예정된 토지인가?	사업 시행 단계는 어느 단계인가?

환지 투자, 가치판단 기준 5가지

저평가 지역: 너무 많이 오른 사업 대상지는 오르는 폭이 작다. 1,000만 원짜리 땅이 2,000만 원으로 오르기는 어렵지만 100만 원짜리 땅이 200만 원으로 오르기는 쉽기 때문이다.

미래가치: 개발의 탄력이 붙으려면 고속도로나 철도망이 신설되거나 확충되어 사업성이 좋아져야 한다. 역세권 도시개발사업은 이유 불문하고 투자 1순위 지역이다.

사업 시행능력: 해당 도시개발사업 시행자는 누구인가? 신뢰할 수 있는 기관인가? 민간 시행자보다는 공공 시행자가 사업 중인 지역을 선정하는 것이 유리하다. 사업은 돈이 많이 있어야 진행속도가 빠르기 때문이다.

환지 대상 토지: 내 땅이 사업 구역 내 환지 대상 토지인가? 토지 면적과 유형에 따라 환지 절차가 다르다. 앞서 설명한 '토지 유형별 환지 절차'를 참고하여 투자에 임해야 한다.

사업 시행 단계: 해당 지역의 사업 시행 단계는 어느 단계인가? 환지 방식은 각 단계별 사업 진행 속도에 따라 땅값이 상승한다. 토지 매매가 언제든지 가능하기 때문이다. 따라서 투자하는 시점이 어느 단계인지 확인하고 또 어느 시점에 매도할 것인지 투자 예상 기간과 예상 수익률을 점검한다.

환지 공동 투자 핵심 정리

① 가족 단위 또는 공동 투자 그룹 조성
② 환지 사업 대상지 선정 / 공·투
③ 개별환지 또는 집단환지 신청(신청서 작성 후 대표자 1인이 종합하여 제출)
④ 개별환지 지정 시 → 환지 예정지 토지 매매(현지 부동산) 후 각 지분별 수익 배분
  집단환지 신청 시 → 집단환지 지정 후 토지 소유자별로 건설사와 개별 계약
  (매각 또는 지주공동사업)

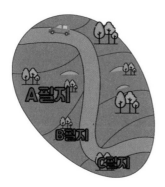

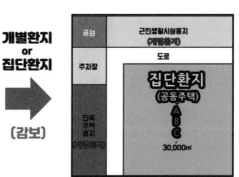

개별환지
or
집단환지

(감보)

A필지 1,000평
공유지분 소유자 5명

공유지분 소유자 5명
감보 후 소유권 변동 없이
환지에 그대로 이전

환지 투자 유망 대상지 분석 및 실전 사례 "딱 5년 만 묻어 봐!"

부동산 투자란 메리트 없는 상품을 매입하여
높은 가치를 지닌 상품으로 탈바꿈시키는 것이다.
-도널드 트럼프(美 대통령)

환지 투자는 토지개발처럼 내가 직접 개발하지 않아도 되는 아주 매력적인 투자 방법이다. 사업을 시행하는 조합이나 기관에서 나의 땅을 애써서 용도를 바꿔 새 땅으로 돌려주기 때문이다. 다만 토지 소유자로써 관련 법률과 제도, 규칙 등에 따라 권리를 충분히 행사하면 된다.

국토교통부에 따르면 도시개발구역 지정 이후 사업 완료까지 평균 6.3년 소요된다는 조사결과가 나왔다. 환지 방식의 도시개발사업은 주로 민간에서 사업을 시행하는데 민간 시행사보다 공공기관이 시행하는 것이 사업의 신뢰성과 속도 면에서 유리하다. 따라서 공공기관이 시행하는 환지 방식 도시개발사업 대상지만 골라 투자하는 것이 여러모로 바람직하다.

한국토지주택공사LH가 시행하는 사업지구는 일반적으로 전면 수용 방식으로 보상금 지급을 통해 토지 등을 취득하고 조성 공사를 진행, 토지이용계획에 따라 조성된 용지를 일반인 등에 공급하고 있다. 그러나 최근 경북 칠곡북삼지구, 전주 효천지구

등 LH가 시행하는 환지 방식의 도시개발사업이 늘어나고 있다. 또한 경기도 광명 구름산지구 도시개발사업, 경기도 여주시 능서역세권 도시개발사업, 경기도 양평군 다문지구 도시개발사업, 천안시 부성지구 도시개발사업 등 최근에는 해당 지자체에서 환지 방식을 채택하여 사업을 시행 중인 곳이 상당수다.

환지 투자 유망 대상지 '딱 5년 만 물어 봐!'

우리는 환지 방식의 사업지구 중 최적의 입지 조건을 갖춘 지역을 선정하기 위해 '가치판단 5가지 조건'에 부합된 최적의 입지 조건을 갖춘 지역을 선정했다. 저평가 되었으나 미래가치가 높은 지역, 사업 속도와 신뢰성이 있는 공공기관이 시행하는 사업지 등 향후 5년간 환지 투자 유망 대상지 2곳을 선정했다.

환지 투자 사례 Ⅰ

목포 임성지구 도시개발사업

사업 시행자: 한국토지주택공사(LH)

사업 면적: 1,979천㎡ (약 60만평)

사업 단계: 실시계획 인가 단계

우리가 목포 임성지구를 선택한 이유는 '환지 투자 가치판단 기준' 항목에 맞춰 자체적으로 분석했으며, 사업 시행자의 능력과 미래가치, 사업 시행 단계 등을 토대로 종합 분석한 결과 25점 만점에 22점으로 높게 평가됐기 때문이다. 혹자는 "토지 투자를 하는데 이렇게까지 세심하게 할 필요가 있는가?"라고 말할 수 있겠지만, 단지 투자를 최종적으로 결정하기에 앞서 몇 가지 사항에 대해 점검한 것 일뿐이다.

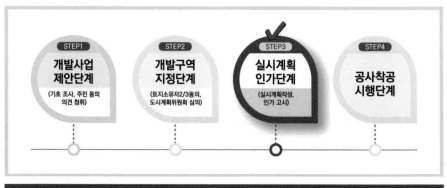

환지 투자 사례 1

구 분	가치판단 기준	평가 점수 (25점 만점, 각 항목별 5점)	비 고
1	저평가 지역	5점	3.3㎡당 평균 시세, 주변 시세 등
2	미래가치	3점	고속도로, 철도망 신설 및 확충
3	사업 시행자의 시행 능력	5점	사업 시행자 (공공기관 1순위)
4	환지 대상 토지 여부	5점	환지 대상 토지 여부, 토지 면적
5	사업 시행 단계의 적절성	4점	매수·매도 타이밍, 수익성 분석
-	합 계	22 /25	합계 20점 이상의 사업지에만 투자

목포 임성지구는 임성리역을 품고 있다. 현재 KTX 무정차역이지만 호남고속철도 2단계(고막원~목포) 구간 공사가 진행 중에 있다. 총 연장 44.12km로 고막원, 무안공항, 임성리 등 정거장 3개소 신설될 예정이며 2025년 준공을 목표로 하고 있다. 전라남도청이 소재한 남악신도시에 비해 입지가 좋다.

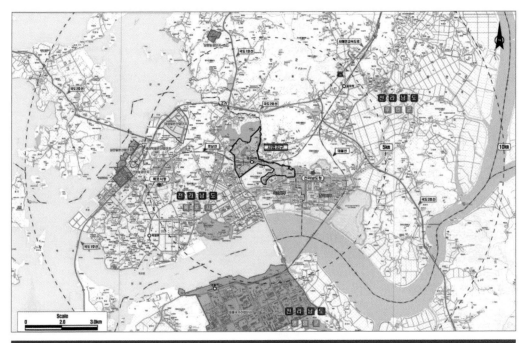

목포 임성지구 위치도

무엇보다 대한민국에서 가장 돈이 많은 한국토지주택공사^{LH}가 시행하는 사업 대상지이며, 사업 규모와 면적도 60만 평 규모로 기대할 만하다. 수용 방식이 위주였던 LH가 최근에는 일부 사업지에서 환지 방식을 추진하고 있다. 사업 시행자의 시행 능력이 투자의 환금성을 보장하기 때문에 KTX 임성리역이 신설되는 시점(2025년)에 맞춰 임성지구 도시개발사업도 완료될 것으로 판단된다.

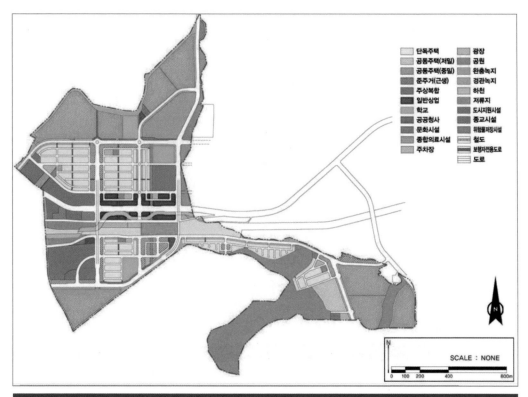

목포 임성지구 토지이용계획도

환지 투자 사례 II

〈아산 모종샛들지구·풍기역지구 도시개발사업〉

사업 시행자: 충남 아산시장

사업 면적: 모종샛들지구 580,453㎡(약 17만 5천평) / 풍기역지구 703,491㎡ (약 21만 평)

사업 단계: 구역지정 단계

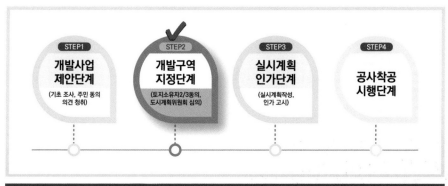

STEP1	STEP2	STEP3	STEP4
개발사업 제안단계	개발구역 지정단계	실시계획 인가단계	공사착공 시행단계
(기초 조사, 주민 동의 의견 청취)	(토지소유자2/3동의, 도시계획위원회 심의)	(실시계획작성, 인가 고시)	

환지 투자 사례 2

우리가 선택한 또 하나의 사업 대상지는 충남 아산시에서 추진 중인 모종샛들·풍기역지구 도시개발사업이다. 이곳을 선택한 이유도 '환지 투자 가치판단 기준' 항목에 맞춰 자체적으로 분석했으며, 사업 시행자의 능력과 미래가치, 사업 시행 단계 등을 토대로 종합 분석했다. 자체 점검결과 합산 점수가 20점 이상이어야 투자를 결정한다.

구 분	가치판단 기준	평가 점수 (25점 만점, 각 항목별 5점)	비 고
1	저평가 지역	4점	3.3㎡당 평균 시세, 주변 시세 등
2	미래가치	4점	고속도로, 철도망 신설 및 확충
3	사업 시행자의 시행 능력	4점	사업 시행자 (공공기관 1순위)
4	환지 대상 토지 여부	5점	환지 대상 토지 여부, 토지 면적
5	사업 시행 단계의 적절성	3점	매수·매도 타이밍, 수익성 분석
-	합 계	20 /25	합계 20점 이상의 사업지에만 투자

수도권 전철 1호선 아산 풍기역 신설이 확정된 충남 아산 모종샛들·풍기역지구 도시개발사업은 아산시에서 시행 중인 환지 방식의 사업이다. 주변에는 삼성 디스플레

이시티 등 산업단지가 무려 10곳이나 된다. 또한 아산시는 인구 50만 도시로 성장하기 위해 도시개발사업이 한창이다. 특히 북으로는 평택, 서쪽에는 당진, 동쪽에는 청주, 남으로는 세종시가 있어 개발 압력이 높은 지역이다.

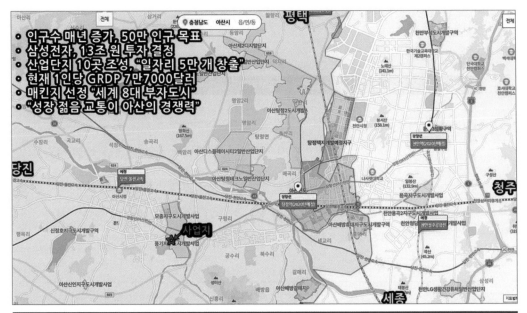

아산 풍기역지구, 모종샛들지구 도시개발사업 위치도

모종샛들지구와 풍기역지구는 아산시에서 환지 방식의 도시개발사업을 추진 중이다. 반경 1km 내 소재한 아산고속(시외)버스터미널 입지와 더불어 2022년 개통 예정인 아산~천안 간 고속도로 아산 IC와 풍기역 신설에 따른 개발 압력이 높아, 난개발의 조짐이 있는 지역으로 계획적인 도시개발이 절실한 공간이다. 또한 민선7기 아산이 목표로 하는 50만 자족도시 토대 구축에 있어 주거, 상업, 문화 등의 중심기능 역할을 할 원도심 발전의 한 축을 담당할 곳이기도 하다.

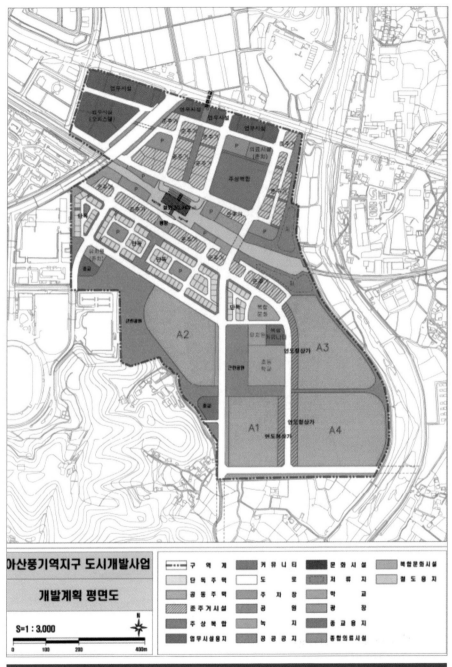

아산 풍기역지구 도시개발사업 토지이용 계획도

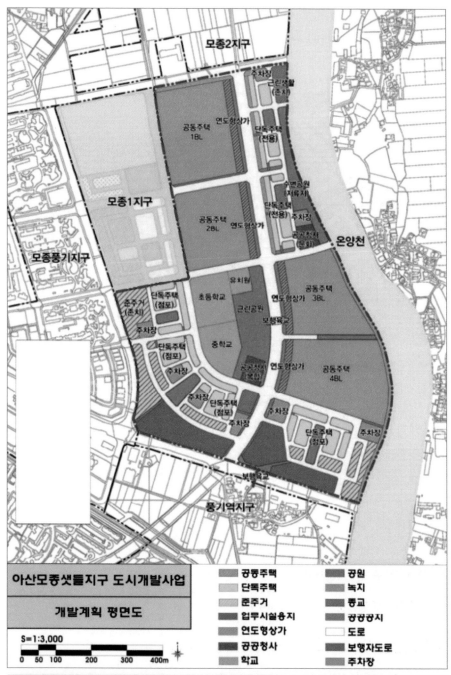

모종2지구

주차장

근린생활
(존치)

공동주택
1BL

연도형상가

단독주택
(전용)

모종1지구

수변공원
(저류지)

모종풍기지구

공동주택
2BL

연도형상가

단독주택
(전용)

주차장

공공청사
(문화)

온양천

준주거
(존치)

단독주택
(점포)

초등학교

유치원

근린공원

보행육교

연도형상가

공동주택
3BL

주차장

단독주택
(점포)

주차장

중학교

공공청사
(복지)

연도형상가

공동주택
4BL

주차장

단독주택
(점포)

주차장

주차장

단독주택
(점포)

주차장

단독주택
(점포)

보행육교

풍기역지구

아산모종샛들지구 도시개발사업

개발계획 평면도

S=1:3,000

0 50 100   200   300   400m

공동주택	공원
단독주택	녹지
준주거	종교
업무시설용지	공공공지
연도형상가	도로
공공청사	보행자도로
학교	주차장

아산 모종샛들지구 도시개발사업 토지이용 계획도

풍기동 일원 70만3491㎡ 규모로 조성 예정인 아산 풍기역지구 도시개발사업은 신설이 가시화된 풍기역을 중심으로 복합 활력 거점 조성, 온양천변 친수공간을 활용한 특화된 상업시설을 조성할 계획이며, 모종샛들지구 도시개발사업은 아산시 모종동 일원에 58만453㎡ 규모로 내년까지 용역 및 실시계획 인가 등을 거쳐 2022년 착공, 2025년에 준공할 예정이다. 아산시는 계획대로 추진이 완료되면 모종샛들지구와 풍기역지구에 총 1만500여 세대, 2만3000여 명이 정주 가능한 뉴타운으로 조성할 계획이다.

우리의 환지 공동 투자 프로젝트는 투자의 안정성, 수익성이 반드시 동반돼야 한다. 이를 위해 경매 물건을 포함해 현지 부동산의 급매 물건까지 모조리 조사하여 시세보다 저렴하게 매입하고, 3 ~ 5년 시점에는 수익을 창출할 수 있어야 한다. 우리의 목표는 될 수 있는 대로 많은 사람이 정보를 공유하여 환지 투자의 경험을 쌓고 부자가 되는 꿈을 이룰 수 있도록 돕는 것이다. 적은 종잣돈으로도 충분히 땅 부자가 될 수 있고 많은 사람들이 참여할 수 있는 시스템, 남들과는 차원이 다른 토지 투자 프로젝트야말로 우리가 지향하는 비즈니스 모델이다.

환지 방식의 장·단점 이해

환지 방식은 사업 시행자 입장으로서 토지를 매입하지 않으므로 초기 투자비가 절감되어 자금조달 부담이 완화될 수 있다. 또한 주민 입장으로서 토지 소유자 등 원주민이 사업의 주체가 되므로 사업에 직접 참여하여 개발이익이 주민에게 환원된다.

환지 방식이 갖는 문제점은 토지 소유자 등 다양한 이해 관계자의 의견 조율 및 동의 절차로 사업이 지연될 수 있다. 또한 부동산 경기가 좋지 않으면 체비지 매각 지연으로 인해 사업비 회수 지연 등의 문제가 발생할 수 있다.

따라서 환지 방식의 장점인 토지 소유자에게 개발이익이 환원된다는 점에 착안하고, 사업비 부족으로 인한 문제가 없는 공공기관이 시행하고 있는 지역에 환지 투자를 하는 것이 안전하고 빠르게 수익을 실현할 수 있는 방법이다.

PART 4

토지 보상금 받을래?
현금 대신 땅으로 받을래?
▶▶ 대토보상 및 차익형 투자

Land Provision Compensation Project

8년 전 4억에 매입한 땅,
토지 보상금으로 10억 받았다?

아는 것만으로는 충분하지 않다. 적용해야만 한다.
의지만으로는 충분하지 않다. 실행해야 한다.
-괴테(철학자)

"토지 투자가 정말 돈이 되나요?"

"文정부 2년 사이 가구 소득 40조 증가할 때 땅값 2000조(50배) 올랐다."

최근 경실련(경제정의실천시민연합)의 주장이다. 이와 관련하여 국토부는 경실련이 발표한 전국 땅값과 관련해 정면으로 반박했다. 국토부는 현 정부에서 땅값이 2,000조 원 넘게 상승했다는 지적에 대해서 "한국은행 대차대조표의 토지자산 총액은 2016년 7,146조 원에서 2019년 8,222조 원으로 1,076조 원 증가하는데 그쳤다."라고 밝혔다. 또한 토지 시세는 정부가 고시하는 공시가격에서 현실화율(시세반영률)을 적용해 산출하는데 국토부는 64.8%라고 주장하는 반면 경실련은 43%로 보고 계산한 것으로 경실련의 땅값을 추정하는 산식이 잘못됐다고 받아쳤다(2019. 12. 04일 언론보도 자료).

"땅값이 2,000조 원 올랐든 1,076조 원이 올랐든 뭣이 중한디?" 필자인 나는 이러한 보도자료를 보고 헛웃음을 지을 수밖에 없었다. 경실련의 주장이든 국토부의 주장이든 땅값이 정말 많이 올랐다는 것은 팩트인 것을……

토지 보상금 업무 대행을 하는 행정사 친구에게서 받은 자료다. 성남 금토동 농지를 소유한 A씨는 정부의 공공주택지구 조성사업으로 인해 토지가 수용됐다. 해당 토지는 2011년 12월 422평의 농지를 46,420만 원(3.3㎡당 110만 원)에 매입하였고, 약 8년 만인 2019년 12월에 토지 보상금으로 108,450만 원(3.3㎡당 257만 원)을 보상받았다.

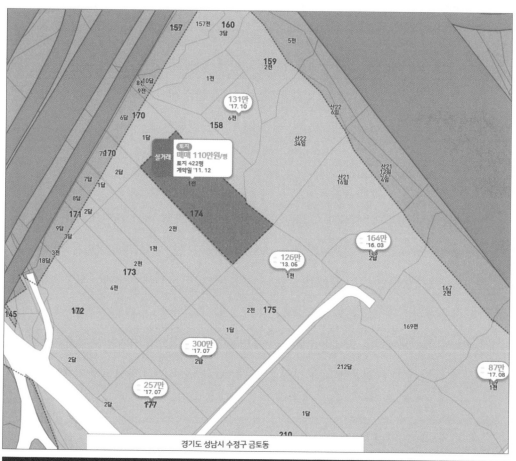

경기도 성남시 수정구 금토동

해당 토지 매입가격(2011.12월) / https://www.disco.re

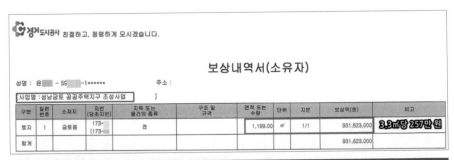

보상내역서(소유자)

성명 : 윤■ - 59■-1******   주소 :

사업명 : 성남금토 공공주택지구 조성사업

구분	일련번호	소재지	지번(당초지번)	지목 또는 물건의 종류	구조 및 규격	면적 또는 수량	단위	지분	보상액(원)	비고
토지	1	금토동	173-(173-	전		1,199.00	㎡	1/1	931,623,000	3.3㎡당 257만 원
합계									931,623,000	

금토동 173번지 일대 인접필지 토지보상금 내역서 / 경기도시공사

이처럼 토지는 비록 정부의 공익사업으로 인해 수용을 당했다고 해도 돈이 된다. 만약 해당 토지를 보상금을 받지 않고 대토보상 등 현금 대신 땅으로 받는다면 보유 기간 대비 수익은 더 많아질 것이다. 땅은 때가 되면 반드시 효자 노릇을 한다. 입지 조건이 좋은 토지라면 망설이지 말고 토지 투자에 적극적으로 나서야 하는 이유다.

文정부 출범 후 서울 집값을 잡기 위해 각종 규제 정책과 함께 수도권 주택공급 확대 방안을 발표했다. 서울과 인접한 곳에 대규모 택지개발지구 5곳(인천 계양, 남양주 왕숙, 하남 교산, 부천 대장, 고양 창릉) 3기 신도시를 포함, 중·소규모 택지개발까지 수도권에만 총 30만 호가 공급된다. 또한 국가균형 발전을 위해 지방에는 혁신·기업 도시를 건설하고, 코로나19로 얼어붙은 경제를 살리기 위해 도로, 철도 건설을 위한 SOC사업[1]을 확대하고 있다. 이러한 공용개발 사업은 '공익사업을 위한 토지 등의 취득 및 보상에 관한 법률'에 따라 사업 지구 내 토지를 수용(매입)하고 일반인 등에게

---

1 **SOC사업**(social overhead capital, 사회간접자본) : 생산활동에 직접 투입되지는 않으나 간접적으로 이바지 하는 자본으로, 도로·항만·철도 등이 이에 속한다. 더욱 넓은 의미로 정의할 때는 교육·상하수도 시설·치산 치수(治山治水) 사업·국유림·법질서와 사회제도 등도 이에 포함된다.

공급한다.

우리나라 개발사업의 보상제도는 현금보상을 원칙으로 하고 있다. 그러나 현금보상은 사업시행자에게 사업 초기 재무부담을 가중하고, 보상비가 다시 주변지역 토지 매입으로 연결되어 주변지역 지가상승 및 부동산 경기 과열의 문제점을 가져온다. 이에 2007년 10월 17일 대토보상제도가 '공익사업을 위한 토지 등의 취득 및 보상에 관한 법률'에 도입되어 토지 소유자의 손실보상을 사업시행자가 조성한 토지로 보상할 수 있게 됐다. (공익사업을 위한 토지 등의 취득 및 보상에 관한 법률 제63조)

1기 신도시와 2기 신도시가 도심 외곽에 저렴한 지역을 선정한 것과 달리, 최근 3기 신도시와 중·소규모 택지개발사업 대상 지역은 서울과 인접한 지역이 지정됐다. 만약 위례신도시가 개발될 때 현금보상이 아닌 땅으로 보상을 받았다면 어땠을까? 과거에는 대토보상 제도와 같은 현금대체보상제도가 활성화되지 못했으며, 토지 소유자의 신청률도 저조했다. '땅값 불패'에 대한 기대감이 확산되면서 신규 택지 토지 수용 때 현금 대신 땅으로 보상받으려는 사례가 급증하고 있다. 특히 미래가치가 뛰어난 수도권 인근 사업지일수록 뚜렷하다. 체계적인 대토보상 준비를 위한 토지소유주협의회도 등장하고 있다.

대토보상은 택지 조성 지역의 토지 소유자가 원하는 경우 토지 보상금을 현금으로 지급하는 대신 사업 시행으로 조성한 용지로 보상하는 제도다. 한국토지주택공사LH, 경기도시공사 등에 따르면 택지 조성 지역 내 토지 소유주들의 대토 선호도는 최근 몇 년간 급격히 상승했다. LH가 2008년 ~ 2010년까지 보상을 완료한 위례신도시 등 8개 택지에서 지급된 총 토지 보상금은 11조 3641억 원인데, 이 중 4465억 원 규모 땅이 대토 방식으로 처리됐다. 전체 보상비 중 3.9%에 불과한 수준이다. 반면에 2015년

부터 2017년까지 3년 동안 추이를 보면 대토 신청 비중은 3배 가까이 늘어났다. 과천 지식정보타운 등 총 6개 택지의 전체 토지 보상비(2조 5,626억 원) 중 11%인 2840억 원이 대토 방식으로 보상됐다. 전국적으로 주목받는 판교나 위례, 과천 같은 지역일수록 대토 비율이 높다. 택지 조성 후 해당 사업지들의 땅값과 가치가 급등할 것이라는 기대감이 섞여 있기 때문이다. 토지 소유주로서는 현 감정가격 수준의 보상금을 받고 땅을 넘기는 것보다 미래가치를 고려해 용지를 받는 게 합리적이다. '땅값 불패' 신화에 대한 기대감이 퍼지고 있는 상황에서는 더욱 그렇다.

하지만 문제가 있다. 대토보상을 추진하는 과정에서 원주민과 사업을 집행하는 LH 등 공공기관과의 갈등이 만만치 않다는 점이다. LH 등 사업을 집행하는 공공기관은 자체 규정을 앞세워 일방적인 강요로 사업을 진행 중이다. 오직 '협의'로 수용 과정을 마무리한 피수용자에게만 대토보상을 받을 수 있도록 조처하고 있다. 토지보상법에서는 최대 3차례에 걸쳐 보상금 금액 조정이 가능하다. 보상금액에 불만이 있는 피수용자는 수용재결과 이의재결(특별법상 행정심판), 행정소송을 거칠 수 있는 권리를 가진다. 토지 수용 최상위법인 토지보상법에는 토지를 양도하는 방식에 따라 대토보상 등을 차별화한 규정이 명시돼 있지 않다. LH 등은 사업 추진 과정에서 원활한 수용을 위해 이의 신청 등을 하는 피수용자에게는 대토보상을 허용하지 않는다는 규정을 마련했다. 협의에 응하면 대토보상을 해주고 그렇지 않으면 대토보상을 해주지 않겠다는 의도다. 결국 대토보상을 원하는 원주민은 LH 등이 제시한 금액을 어쩔 수 없이 받아들여야 한다.

토지 소유자는 토지 보상금에 감정평가 결과를 수용재결 과정에서 1차 증액, 이의 신청 / 이의재결 과정에서 2차 증액, 행정소송 과정에서 3차 증액을 하여 손실보상금을 높일 수 있다. 하지만 대토보상을 원하는 토지 소유자는 이의 신청 등을 할 수 없어 증액이 불가능한 상태에서 보상금의 전부 혹은 일부를 선택하여 대토보상을 받을 수 있다.

대토보상은 토지소유자가 개발사업의 혜택을 공유토록 하고 보상금의 지역 재투자로 인한 부동산 시장의 영향을 최소화하며 원주민의 재정착을 위해 도입된 제도이다. 택지개발 등 공익사업에 대하여 손실보상이 적용되는데 손실보상은 현금보상을 원칙으로 한다(토지보상법 제63조 1항). 그러나 토지 소유자가 원하면 사업시행자가 토

구분	주요내용
보상방법	토지 소유자가 원하는 경우, 사업시행자가 당해 공익사업의 합리적인 토지이용 및 사업계획 등을 고려하여 가능한 경우에는 그 공익사업의 시행으로 조성한 토지로 보상
보상대상	대지 분할제한 면적 이상을 양도한 자(경합 시 채권으로 보상받은 자 우선)
보상기준 금액	일반 분양가격
보상공고	토지로 보상하는 기준을 포함하거나 토지로 보상하는 기준을 따로 일간신문에 공고할 것이라는 내용을 포함하여 공고
보상토지 면적 (법 제63조 제2항)	주택용지 990㎡, 상업용지 1,100㎡ 한도
전매제한 (법 제63조 제3항)	보상계약 체결일부터 소유권이전등기 시 까지(상속 및 「부동산투자회사법」에 따른 개발전문 부동산투자회사에 현물출자 경우 제외)
현금보상 전환 (법 제63조 제4항)	대토보상계약 체결일부터 1년 경과 시, 사업시행자의 계획변경 시, 토지 소유자의 국세·지방세 체납처분 또는 강제집행 시, 세대원 전원의 해외이주 또는 2년 이상 해외체류시

대토보상의 개요 / 한국토지주택공사(LH)

지이용계획과 사업계획 등을 고려하여 토지로 보상이 가능한 경우 현금 또는 채권²으로 보상받는 금액을 제외한 부분에 대하여 토지로 보상받을 수 있다. 이 제도는 토지 소유자가 원하는 경우 사업시행자는 해당 공익사업의 토지로 보상이 가능하고, 토지 등을 수용받는 자가 자신이 받을 보상금의 전부 혹은 일부를 선택하여 그 공익사업의 시행으로 조성되는 토지로 보상받을 수 있는 제도이며, 손실보상 중 재산권 보상에 해당된다.

최근에 공영개발 사업이 한창이다 보니, 상담을 의뢰하는 토지 소유자들이 많아졌다. 이들의 대부분은 2가지 고민을 한다. 첫째는 토지 보상금을 더 많이 받는 방법, 둘째는 현금 대신 땅으로 받는 방법과 절차 등이다. 필자는 이 2가지 방법을 잘 안다.

토지보상제도는 법률과 제도로 이루어졌기 때문에 토지 소유자가 이와 같은 내용을 제대로 알기란 쉽지 않다. 더군다나 대부분 농사를 짓는 원주민들이어서 법률과 제도에 의한 논리로 상대하기보다는 헐값에 수용당한다는 억울함만 호소해 감정적 대응만 할 뿐이다. 엄밀히 말하면, 토지는 국가의 땅이다. 그래서 '국토國土'라고 말한다. 나라에 돈을 내고 땅을 빌려서 사용하는 것이다. 다만, 헌법상 개인의 재산권 문제가 대립한다. 따라서 토지 수용법 등 법률과 제도를 제대로 알고 있다면 토지 소유자로서 재산권과 권리를 충분히 주장하고 적절히 대응해 나갈 수 있다.

앞 장에서 제시된 환지 투자와 마찬가지로 대토보상 및 차익형 투자와 관련한 내용을 법률적·제도적으로 해석해 실제 투자적인 관점에서 설명한 책은 시중에 어느

---

2 **채권**: 사업시행자가 국가, 지방자치단체, 공공기관운영에 관한 법률에 의해 지정, 고시된 공공기관 및 공공단체인 경우 사업시행자는 손실보상을 채권으로 지급할 수 있다. (토지보상법 제 63조 7항)

책에도 나와 있지 않은 보석과 같은 소중한 내용이다. 다소 어려운 내용일 수는 있으나 지침서로 평생 보관하길 바란다. 그럼 지금부터 토지 보상금을 더 받을 수 있는 방법과 현금 대신 땅으로 돌려받는 방법 등을 알아보고, 토지보상제도를 활용한 우수한 입지의 개발 사업지구 내 토지 투자 포인트도 함께 짚어보겠다.

대토보상과 환지 방식의 비교

대토보상은 수용 방식의 사업에서 적용되며 토지 보상법을 활용하는 택지개발사업, 도시개발사업, 산업단지, 경제자유구역개발, 기업도시개발, 역세권개발 등에 적용된다.

환지 방식은 주로 도시개발사업에 적용되고 그 외 산업단지개발, 기업도시개발, 관광지개발사업 등에도 적용된다. 특히 도시개발사업은 수용과 환지 방식이 함께 적용되는 혼용 방식이 사용되기도 한다.

이 둘의 공통점은 개발지구 내 새롭게 조성된 땅으로 돌려받는 것이다. 다만 대토보상은 소유권이 사업 시행자로 이전 후 준공 후 토지 소유자에게 공급되고, 환지 방식은 소유권 변동 없이 기존 권리가 환지에 그대로 이전되는 등 관련 법률과 제도상 기준과 조건이 상이하다.

토지 보상금 더 많이 받을 수 있는 방법

계약은 언제나 불완전할 수밖에 없다.
-올리버 하트(경제학자)

"작년에 혼자서 계약한 토지 보상금 총액이 600억입니다."

수년째 토지보상 대행 업무를 전문적으로 하는 행정사 친구의 말이다. 작년에만 무려 600억 원의 토지 보상금 중 60억 원 가량을 증액시켰다고 한다. 이와 관련한 행정사의 수수료는 증액금의 10%로 가정하면 6억 원을 벌었다는 뜻이다. 전국적으로 개발사업이 증가하다 보니 자연스럽게 토지보상 대행 관련 사무소들이 늘어나 경쟁이 있지만 현재까지는 수요자가 더 많다. 앞으로 정부의 공급정책으로 인해 수요자는 더욱 늘어날 것으로 예상한다.

토지 보상금은 3차례 걸쳐 증액(수용재결→이의재결→행정소송)을 할 수 있는데, 통상 감정 보상가의 10% 내·외로 보상금을 증액시킬 수 있다. 토지 보상금을 더 많이 받으려면 토지 보상의 절차 및 과정을 이해하고, 사업 초기부터 준비해 최초 협의 감정 평가를 잘 받아야 한다. 협의 감정 평가를 잘 받아야 토지 보상금은 물론, 추후 대토보상 용지 등 땅으로 공급받고자 원할 때에도 더 많은 면적을 공급받을 수 있다. 따

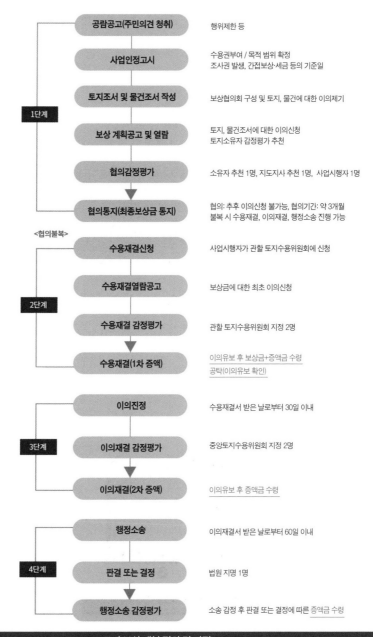

공람공고(주민의견 청취)	행위제한 등
사업인정고시	수용권부여 / 목적 범위 확정 조사권 발생, 간접보상·세금 등의 기준일
토지조서 및 물건조서 작성	보상협의회 구성 및 토지, 물건에 대한 이의제기
보상 계획공고 및 열람	토지, 물건조서에 대한 이의신청 토지소유자 감정평가 추천
협의감정평가	소유자 추천 1명, 지도지사 추천 1명, 사업시행자 1명
협의통지(최종보상금 통지)	협의: 추후 이의신청 불가능, 협의기간: 약 3개월 불복 시 수용재결, 이의재결, 행정소송 진행 가능

1단계

<협의불복>

수용재결신청	사업시행자가 관할 토지수용위원회에 신청
수용재결열람공고	보상금에 대한 최초 이의신청
수용재결 감정평가	관할 토지수용위원회 지정 2명
수용재결(1차 증액)	이의유보 후 보상금+증액금 수령 공탁(이의유보 확인)

2단계

이의진정	수용재결서 받은 날로부터 30일 이내
이의재결 감정평가	중앙토지수용위원회 지정 2명
이의재결(2차 증액)	이의유보 후 증액금 수령

3단계

행정소송	이의재결서 받은 날로부터 60일 이내
판결 또는 결정	법원 지명 1명
행정소송 감정평가	소송 감정 후 판결 또는 결정에 따른 증액금 수령

4단계

토지 보상 세부 절차 및 과정

라서 사업 초기 단계부터 토지 보상과 관련한 전문가에게 의뢰하고, 주민대책위원회에 적극적인 참여가 요구된다.

"공시지가를 올리면 토지 보상금을 더 많이 받을 수 있나요?"

보통은 토지 보상금이 공시지가의 1.5배에서 많게는 1.8배 정도 나온다는 얘기를 듣게 된다. 아마도 개발사업으로 인해 토지가 수용되어 보상금 관련한 소문을 듣고 문의를 한 듯했다. 결론적으로 공시지가를 올려도 세금만 더 낼 뿐 보상금 산정에는 무관하다. 공시지가는 표준지공시지가와 개별공시지가로 나뉘는데 토지 보상금은 표준지공시지가를 기준으로 산정하기 때문이다. 표준지공시지가는 전국의 토지 중에서 토지의 이용 상황이나 주변 환경 등 기타 자연적·사회적 조건이 일반적으로 유사하다고 인정되는 50만 필지의 '표준지'를 선정한다. 그리고 표준지의 특성을 조사하고 시·군·구 및 토지 소유자의 의견을 청취하여 매년 1월 1일을 기준으로 한 적정가

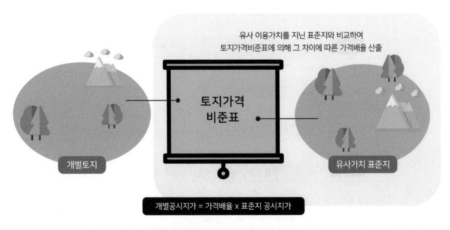

유사 이용가치를 지닌 표준지와 비교하여
토지가격비준표에 의해 그 차이에 따른 가격배율 산출

토지가격
비준표

개별토지

유사가치 표준지

개별공시지가 = 가격배율 × 표준지 공시지가

평가가격 = 표준지의 공시지가 × 시점요인 × 지역요인 × 개별요인 × 기타요인

격을 평가한다. 반면에 개별공시지가는 표준지의 공시지가를 바탕으로 하여 개별토지의 단위면적(㎡) 당 적정가격인 개별공시지가를 산정한다. 개별공시지가를 올려도 표준지공시지가가 올라가지 않는 한 토지 보상금 산정에는 의미가 없다.

표준지공시지가를 기준으로 시점·지역·개별·기타 등의 요인에 따라 가감된 할증을 곱하고 있으며, 이 중 개별요인은 가로, 접근, 환경, 획지 등의 조건에 따라 가감된 할증을 곱하여 가격을 결정한다. 공익사업에 의한 보상의 기준은 지장물보상, 영농보상, 휴업보상 등에 따라 세분화하여 기준이 정해져 있으며, 별도로 이주대책 대상자를 선정하는 방법도 정해져 있다. 또한 보상평가와 관련한 감정평가사 선정에 있어 일정요건을 갖추면 소유자의 추천도 가능하다. 보상평가 권리구제 절차는 협의 감정평가, 손실보상협의, 수용재결신청, 이의재결신청, 행정소송 등의 순으로 진행되는데, 개인이 대응하기에는 한계가 있어 통상은 토지보상 전문 행정사 사무소나 법무법인에 위임하여 진행된다.

"토지 보상금 통지를 받았는데요?"

만약 토지 보상금 통지를 받았다면 아래와 같은 과정이 진행되며, 보상금을 받는 과정 속에서 대응해야 할 중요사항을 미리 체크해 두어야 한다.

정보공개청구	사업 시행자에게 정보공개청구를 하여 대상토지 등에 대한 협의감정 평가서와 측량 성과도를 확보
감정평가서의 분석	정보공개청구를 통해 확보된 감정평가서를 분석하여 보상금이 저평가된 원인을 파악
현장조사담당	직접 대상토지의 현장을 방문하여 필요한 증거자료 등을 수집하고, 협의 감정평가의 문제점을 확인

의견서 작성 및 제출	감정평가서의 분석 및 현장조사를 통해 확인된 사항들을 근거로 하여 각 필지별로 구체적인 내용을 담은 의견서를 작성 및 제출
수용재결 감정평가	수용재결을 위한 감정평가 시 평가 현장에 직접 참석하여 감정평가사를 상대로 적극적인 의견 제시
수용재결 정본 수령	수용재결이 되면 보상금 전액을 수령할 수 있음
이의재결	수용재결서 정본을 수령한 날로부터 30일 이내에 중앙토지수용위원회에 이의재결 신청서를 접수
행정소송	이의재결서 정본을 수령한 날로부터 30일 이내에 법원에 소장을 접수

컨설팅

사업시행자의
지장물 조사

손실보상
협의요청

정보공개청구

감정평가서 분석
및 현장조사

수용재결신청
(조속재결청구)

수용재결, 이의재결,
행정소송

토지 보상 업무 절차

　토지보상권리에 대한 권리구제절차에 임하게 되면 수용재결(1차 감정), 이의재결(2차 감정), 행정소송(3차 감정) 각 과정에서 총 3번의 추가 감정을 받을 수 있고, 이를 통해 보상금을 증액할 수 있다. 행정소송이 종료될 때까지 보상금을 수령하지 못하는 것이 아니라 수용재결(1차 감정)이 나게 되면 보상금액을 전액 수령한 후 추가로 이의재결, 행정소송절차를 진행할 수 있다. 소유자가 수개의 필지를 소유하고 있는 경우 일부 필지에 대하여만 협의를 하고, 나머지 필지에 대하여는 보상금 증액을 위한 권리구제 절차에 임할 수 있다. 다만 손실보상 협의에 응한 경우에는 이후 보상금증액을 위한 권리구제 절차에서 더 이상 다툴 수 없다.

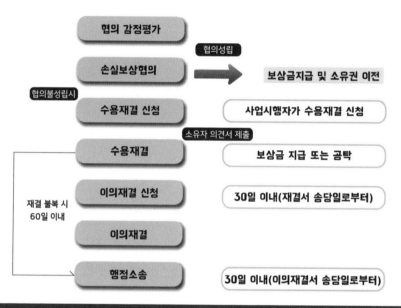

토지 보상 업무절차

토지 보상금 차익형 투자를 할 경우 주의사항

수용 방식 개발지구 내 토지 경매물건에 대한 낙찰가율이 높다. 만약 토지 보상금 차익을 노리고 투자를 할 경우 높은 금액에 낙찰된다면 자칫 낭패를 볼 수 있다. 통상 보상금은 예상보다 높지 않게 나오는 것이 일반적이다. 따라서 보상금 차익을 노리기보다는 대토보상이나 협의양도인 택지 등을 기준으로 보고 장기적으로 투자하는 것이 보다 바람직하다.

평가가격=표준지의 공시지가×시점요인×지역요인×개별요인×기타요인→통상 표준지공시지가×1.5배

⟨📍⟩ ⁰³ 토지수용법을 알면 현금 대신 땅(택지)으로 보상받을 수 있다

규칙은 어리석은 자에게는 복종해야 할 것이요
지혜로운 자에게는 지침서가 된다.
-더글라스 베이더(비행사)

토지 수용법은 1962년 제정되었고, 1975년 제정된 공공용지 취득 및 손실 보상에 관한 특별법을 통합해 2002년에 토지 보상법이 마련되었다. 사업개발지구의 수용 방식은 전면매수 방식의 하나로서 협의매수가 이루어지지 않았을 때 사용된다. 전면매수 방식에 의한 사업은 협의매수와 강제수용 2단계로 구성된다. 공익사업을 시행하기 위해서 사업에 사용할 토지 등이 필요하기 때문에 국가나 공공단체에서는 이들 토지 등을 취득하기 위해 먼저 매수 협의를 한다. 원만한 합의가 이루어지게 되면 상호 간에 계약을 체결해 필요한 토지 등을 매수하게 된다. 협의매수가 불가능한 경우에는 토지수용제도에 의해 공익사업 용지를 강제로 취득할 수 있다. 전면매수에 의해 토지를 취득하는 개발 방식은 공권력의 개입이 필연적으로 요구되기 때문에 공익을 대변하는 지방자치단체나 그 사업의 목적과 관련이 있는 정부투자기관과 같은 공공기관이 실질적인 시행 주체가 된다. 사업 시행자가 토지 소유자로부터 토지를 매입해 시가지를 조성하는 전면매수 방식의 대표적인 사업이 수용 방식의 개발사업이다. 협의나 수용 재결에 의해 취득하는 토지는 표준지공시지가를 기준으로 해 보상한다. 손실보상에 대해서는 현금 보상의 원칙이 적용된다. 손실보상평가의 기준 시점은 사업인정 시 주의를 채택한다.

토지 보상의 기준이 바로 '사업인정제도'다. 이 내용은 수용 방식의 개발지구 내 토지 소유자나, 투자를 고려 중인 사람에게 매우 중요하다. 특히, 사업인정제도의 '사업인정의제일'은 토지 보상의 기준 시점이 되기 때문이다. 사업인정제도의 사업인정은 토지 보상법 제2조 제7호에 따라 '공익사업을 토지 등을 수용하거나 사용할 사업으로 결정하는 것'이며, 같은 법 제20조에 의거 '국토교통부장관이 해당 사업이 토지 보상법 제4조에서 열거하고 있는 공익사업에 해당함을 인정하면서 일정한 절차를 거칠 것을 조건으로 수용권을 설정하는 행위'라고 정의하고 있다. 또한 '사업인정의제'는 '개별법상 인허가 등(지구 또는 구역 지정, 개발계획승인 등)이 있는 경우에 토지 보상법상 사업인정이 있는 것으로 의제하는 것'으로 개별법에 의해 사업인정이 의제되면 토지 보상법상 사업인정과 동일한 효력이 발생한다. 현재 대부분 공익사업은 토지 보상법상 사업인정이 아니라 개별법령상 인허가에 따른 사업인정의제를 통해 토지수용 권한이 부여되는 실정이다.

개별법	사업인정의제일
국토의 계획 및 이용에 관한 법률	실시계획의 고시
도시 및 주거환경 정비법	사업시행인가의 고시
택지개발촉진법	예정지구 지정의 고시 (종전법:개발계획승인고시일)
도시개발법	토지 등의 세목고시 (도시개발구역 지정 및 개발계획 승인일)

전원개발촉진법	실시계획의 승인 or 변경승인 및 고시
주택법	사업계획 승인
산업입지 및 개발에 관한 법률	국가산업단지 또는 지방산업단지의 지정·고시 농공단지실시계획의 승인·고시 *세목고시일 : 사업인정의제일
기업도시개발특별법	개발계획승인고시일(세목고시일)
신행정수도 후속대책을 위한 연기공주지역 행정중심 복합도시 건설을 위한 특별법	예정지역 등의 지정 및 고시
공공기관 지방 이전에 따른 혁신도시건설 및 지원에 관한 특별법	예정지구고시일
도로법	도로구역의 결정일 도로구역의 결정고시 *세목고시일 : 사업인정의제일 아님

개별법에 의한 사업인정 고시일

만약 3기 신도시와 같은 택지개발촉진법에 의한 택지개발사업일 경우 '택지개발예정지구 지정의 고시일'이 사업인정 고시일이 되며, 도시개발사업일 경우 도시개발법 시행령 제12조 및 공익사업을 위한 토지 등의 취득 및 보상에 관한 법률 제22조에 의거 '토지 등의 세목이 고시되는 날'로 규정하고 있다. 즉, 도시개발사업에서 토지의 세목이 고시되는 '도시개발구역 지정 및 개발계획 승인'일이 기준이 된다.

이처럼 토지 보상을 제대로 받고 싶거나, 개발지구 내 투자를 고려하고 있다면 가장 우선적으로 사업인정의 기준이 되는 '사업인정제도'를 알고 있어야 한다. 만약 투자하려고 관심 중인 지역이 수용 방식의 도시개발지구라면 사업 인정고시일은 토지 등의 세목이 고시되는 날, 즉 도시개발구역 지정 및 개발계획 승인일이 기준이 되는 것이다. 따라서 수용 방식의 사업 지구 내 토지 투자를 통해 대토보상 등 택지로 보상을 받고자 할 경우 사업인정 기준 시점 이전에 투자하는 것이 바람직하다.

택지개발사업 절차

공람공고

예정지구 지정

개발계획 승인 ─── 사업인정

실시계획 수립 ─── 공급승인

실시계획 승인

택지공급

공사시행

사업준공

대토보상 절차

보상준비

보상계획 공고 및 열람 ─── 대토보상 안내

보상감정평가

손실보상 협의 요청 ─── 대토보상세부
시행기준 포함

보상계약 및 소유권 이전 ─── 대토보상 신청자의
(보상절차 완료) 보상금 지급유예

조성토지 공급공고 ─── 대토보상 계약자에게
개별통보

대상필지 결정 및 공급계약 ─── 보상금과 공급대금
상계처리 및 정산

명의변경

소유권 이전

택지개발사업 절차 Vs 대토보상 절차

정부, 3기 신도시 '대토보상' 비율 50%로 높인다 (2020.07.01., 한국경제 보도자료)

올 하반기부터 본격화하는 3기 신도시 토지보상을 앞두고 정부가 대토보상율(총 토지 보상금에서 대토보상이 차지하는 비율)을 50% 수준까지 높이기로 했다. 토지주들에게 현금 대신 토지로 보상하는 비중을 끌어올리겠다는 것이다. 현금 보상의 경우 집값 상승의 불쏘시개 역할을 할 우려가 있다는 지적에 따른 대책이다.

1일 국토교통부와 LH(한국토지주택공사) 등에 따르면 인천 계양(사진), 남양주 왕숙, 하남 교산 등 3기 신도시 3곳에 대한 토지보상이 하반기부터 시작된다. 내년에는 부천 대장과 고양 창릉 등 나머지 3기 신도시 두 곳에 대한 토지보상 절차도 진행된다. 업계에선 이번 3기 신도시 토지보상 규모가 45조 원에 달할 것으로 추정한다. 국토부 관계자는 "토지 보상금이 다시 부동산 시장으로 유입돼 집값 상승을 부추길 수 있다는 우려가 큰 상황"이라며 "이번 3기 신도시에선 대토보상과 대토보상리츠를 적극 확대해 현금 대신 토지로 보상하는 비율을 50% 수준까지 끌어올릴 방침"이라고 말했다.

대토보상리츠는 대토보상에 리츠를 결합한 형태다. 토지 소유자가 보상금으로 받을 토지(대토보상권)를 리츠(Reits·부동산투자회사)에 현물 출자한다. 이후 리츠가 개발사업을 진행해 발생한 수익을 출자자에게 나눠 주는 방식이다. 3기 신도시 조성사업의 사업시행자인 LH가 이를 주도하게 된다.

LH에 따르면 현재 조성 중인 공공주택지구 6곳을 테스트베드로 삼고 대토보상을 진행하고 있다. 수서역세권과 성남복정1, 김포고촌, 구리갈매역세권, 부천괴안, 부천원종 등이다. 이 중 토지보상 계약을 마친 수서역세권과 성남복정1 두 곳의 대토보상율은 각각 66%, 44%를 기록했다. LH 관계자는 "수서역세권은 업무시설용지, 성남복정1은 공동주택용지에 대한 토지소유권을 배분했다"며 "각 지역 특성에 맞는 토지로 보상해 보상률이 높았다"고 설명했다. 이 관계자는 "구리갈매역세권은 주상복합용지, 김포고촌은 근린생활시설용지를 배분하고 있다"며 "사업성 높은 토지를 배분해 원주민에 대한 대토보상률을 끌어올리고 있다"고 덧붙였다.

국토부에 따르면 2014년 이전까지 공공택지 조성사업 지구의 대토보상 비율은 3%를 넘지 못했다. 이후 2015년 15%를 기록했고 2018년에는 29%까지 상승했다. 국토부 관계자는 "3기 신도시의 경우에도 상업용지 등 사업성이 높은 토지를 우선적으로 배분할 것"이라며 "현금보상보다 토지의 미래가치가 더 높다는 점을 알리고 있다"고 설명했다. 정부는 앞서 대토보상 시 양도세 감면율을 기존 15%에서 40%로 높였다. 토지 소유주들의 대토보상 선호도를 높이기 위해서다. 국토부 관계자는 "대토보상비율을 50%까지 높이고, 채권보상비율도 늘리는 방식으로 현금보상 비율을 20% 수준으로 억제할 방침"이라고 설명했다. 국토부는 이 같은 내용을 담은 대토보상 활성화 방안을 이달 중 발표할 계획이다.

부동산 전문가들은 대토보상의 장점을 인정하면서도 활성화에는 한계가 있다고 지적했다. 한 부동산 전문가는 "유동성 관리, 원주민 재정착, 개발편익 주민 공유 등 대토보상의 장점은 많다"며 "하지만 아직 대토보상리츠의 수익성이 검증되지 않았고, 토지주들이 원하는 수익률과 맞지 않을 경우 현금보상 요구가 거세질 수 있다"고 말했다.

이주자택지·협의양도인택지· 생활대책용지·대토보상용지란?

비관론자는 모든 기회 속에서 어려움을 찾아내고,
낙관론자는 모든 어려움 속에서 기회를 찾아낸다.
-윈스턴 처칠(영국정치인)

수용방식 개발지구 공급용지 기준 및 공급대상

수용 방식 토지개발사업으로 공급되는 토지는 아파트의 공급 방식과 유사하게 수요자 특성에 따라 일반분양분과 특별공급분으로 구분된다. 즉, 일반분양분은 모든 수요자(이하 실수요자)를 대상으로 한 공급토지이고, 특별공급분은 원주민을 대상으로 한 공급토지이다.

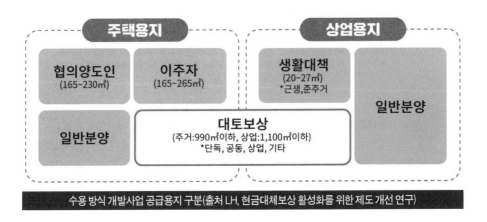

수용 방식 개발사업 공급용지 구분(출처 LH, 현금대체보상 활성화를 위한 제도 개선 연구)

관련 제도에서 규정하고 있는 대토보상 용지와 특별공급분의 공급대상 수요자를 비교해 보면, 먼저 대토보상은 토지보상법 제63조 제1항 제1호에 의거 건축법상의 대지 분할 제한면적 이상의 토지를 공사에게 양도한 자를 대상으로 한다(대토보상시행지침 제7조).

반면에 이주자택지는 택지개발예정지구지정 공람공고일(수도권의 경우 공람공고일 1년 이전)부터 보상계약체결일 또는 수용재결일까지 계속하여 가옥을 소유하고 그 가옥에 계속 거주한 자로, 공사로부터 그 가옥에 대한 보상을 받고 본 사업시행으로

택지개발예정지구 공람공고일 1년 이전부터 **보상계약체결일 또는 수용재결일까지 계속하여 가옥을 소유하고 그 가옥에 계속 거주한 자로 공사로부터 그 가옥에 대한 보상을 받고 본 사업시행으로 인하여 이주하는 자를 대상으로 한다. (무허가건물, 법인, 단체 제외)**

이주자택지

택지개발예정지구지정 공람공고일 이전부터 **사업지구 내 토지를 소유하여온 자로서 당해 사업지구 내에 소유한 토지를 협의에 의하여 공사에 양도한 자 중** 토지면적이 기준 면적 이상인 **자를 대상으로 하고 있다.**

▶ **기준면적 : 수도권 1,000㎡이상, 기타지역 400㎡**

협의양도인택지

합의양도 한 토지를 지분으로 공유하고 있는 경우에는 지분면적을 기준으로 산정하여, 협의양도 한 공유지분면적이 기준면적 미만인 경우에는 소유자 전원(다른 토지에 의하여 별도 협의양도인택지를 공급받는 자 제외)의 지분 면적 합계가 기준면적 이상인 경우 전원을 1인 공급대상자로 본다.

기존에 영업을 하거나 농축산업을 하던 생업종사자에게 생활대책 보상 차원 공급... **본인 소유의 보상대상 전부를 협의에 의하여 보상을 받고 공사가 정하는 기한까지 자진 이주한 자 중** 이주자택지를 포기한 자 및 영업 등을 행한 자, 일정규모 이상의 영농보상을 받은 자**를 대상으로 한다. (법인, 단체 제외)**

생활대책용지

이택·협택·생활대책용지 공급대상

인하여 이주하는 자를 대상으로 한다. 단, 이주자 택지 중 블록형 단독주택용지와 공동주택용지는 이주자 택지 공급대상자가 결성한 조합에 공급된다.

협의양도인택지는 택지개발예정지구지정 공람공고일 이전부터 사업지구 내 토지를 소유하여온 자로서 당해 사업지구 내에 소유한 토지를 협의에 의하여 공사에 양도한 자 중 토지면적이 기준 면적 이상인 자를 대상으로 하고 있다.

생활대책용지는 본인 소유의 보상대상 전부를 협의에 의하여 보상을 받고 공사가 정하는 기한까지 자진 이주한 자 중 이주자택지를 포기한 자, 영업 등을 행한 자, 일정 규모 이상의 영농보상을 받은 자를 대상으로 한다. 이처럼 대토보상용지와 특별공급분의 수요자는 미미한 차이가 있을 뿐 동일하여 수요자로서는 토지의 가격, 용도, 방식 등 공급조건을 고려하여 선택하게 된다.

대토보상 대상자 및 공급 우선순위

대토보상제도는 토지 소유자가 개발사업의 혜택을 공유하도록 하고, 보상자금의 지역 재투자로 인한 부동산 시장의 영향을 최소화하며, 지역주민의 재정착을 위해 도입된 제도이다.

즉, 2007년 10월 토지 보상법 일부개정을 통하여 손실보상자금을 보다 효율적으로 관리하고, 해당 토지 소유자가 당해 개발 사업으로 인하여 개발혜택을 공유할 수 있게 하려고 도입된 제도로써, 이때의 대토보상이란 토지 보상법 제63조 단서에 따라 '토지 소유자가 원하는 경우로서 사업시행자가 해당 공익사업의 합리적인 토지이용계획과 사업계획 등을 고려하여 토지로 보상이 가능하고, 토지 소유자가 원하는 경우 공익사업으로 인하여 토지 등을 수용받는 자가 자신이 받을 보상금의 전부 혹은 일부를 선택하여 그 공익사업의 시행으로 조성되는 토지로 보상받을 수 있게 하는 보상'을 의미한다. 이는 보상자금이 인근 지역이 아닌 바로 당해 지역으로 재투자됨에 따라 과거 보상자금이 인근 지역의 부동산 자금으로 유입되어 인근 지역의 부동산 가격을 상승시키는 등의 부정적인 요인을 최소화함으로써 부동산시장에 안정성을 도모함과 동시에 지역주민을 재정착시키는 효과를 가질 수 있으며, 아울러 개발에 대한 혜택을 대토보상자가 직접 받을 수 있게 하기 위해 마련되었다. 대토보상용지는 특별공급분으로 그 대상은 아래와 같다.

대토보상 대상자 중에서도 공급에 대한 우선순위

대토보상 신청 접수 결과 공급 물량보다 신청자의 수가 많은 경우, 우선순위에 따라 필지를 공급하며, 우선순위 간 필지 경쟁이 있을 경우 추첨에 따라 공급

대토보상 순위 결정 방법

1순위 : 협의한 "현지인" (부재 부동산 소유자가 아닌 사람)

2순위 : 협의한 "부재지주" (부재 부동산 소유자)

※ 순위별 경쟁 시 총 토지 보상금 중 대토보상 금액 비율이 높은 사람을 우선 하며, 그 비율도 동일할 경우 추첨으로 결정

현지인 & 부재지주

* 현지인 : 토지 보상법 시행령 제26조 제1항의 규정에 의한 부재 부동산 소유자가 아닌 사람

* 부재지주 : 사업인정고시일 1년 이전부터 당해 지역에 계속해 주민등록을 하지 아니한 사람 또는 사실상 거주하고 있지 아니한 사람

☞ 당해 지역 범위 : 해당 토지의 경계로부터 30km 이내의 지역

특별공급분 용지별 공급가격

「공익사업을 위한 토지 등의 취득 및 보상에 관한 법률(이하. 토지보상법)」및 「대토보상시행지침」 등의 규정에 따라 대토보상의 대상용지는 단독주택용지(주거전용, 블록형), 공동주택용지(분양), 상업용지, 업무시설용지·종교용지·유치원용지 등의 기타용지가 해당된다. 공급규모는 주택용지는 990㎡ 이하, 상업용지 33㎡이상 1,100㎡ 이

구분	공급용지	공급기준			방식
		대상(1인 1필지)		가격	
대토보상 용지	주택용지 (단독, 공동)	990㎡이하 단독(주거전용, 블록형): 이택/협택 제외분 공동: 전용85㎡초과 분양주택용		(단독) 감정가격 (공동) 분양가격	일반 경쟁 입찰
	상업용지 (근생, 준주거, 근린/일반/ 중심상업)	1,100㎡이하 (공급한도) 생활대책+대토+기타 우선공급분 ≦ 조성면적의 60%이내		감정가×평균낙찰률 (중심상업 이외 : 최대 120% 적용)	
	기타용지	업무시설, 종교, 유치원, 기타		.	
이주자 택지	단독주택용지	주거전용: 330㎡ 이하, 점포겸용: 265㎡ 이하		조성원가-생활기본 시설 설치비	수의 계약
		블록형: 개별필지의 평균면적	조합구성		
	공동주택용지	대지면적/건설호수×1.2배			
생활대책 용지	상업용지 (근생, 준주거)	(무허가)15㎡/(영업·임차)20㎡/(거주·소유)27㎡이하 조합구성, 권리면적≧신청면적 90%이상		감정가격	
협의 양도인 택지	단독주택용지	165~265㎡		(수도권)감정가격 (기타) 조성원가의 110%, 초과 시 감정가	
	기타 용지	종교용지, 유치원·보육시설, 도시형 공장 등, 농업관련시설, 위험물저장 및 처리시설		조성원가·감정가격	

출처: 법제처 및 LH, 공익사업을 위한 토지 등의 취득 및 보상에 관한 법률(2014.3 개정)/대토보상시행지침(2013.12 개정)/이주 및 생활대책 수립지침(2013.12 개정안)/협의양도인택지 공급지침(2013.5 개정) 등

하, 기타 용지는 특별한 제한 없이 토지이용계획과 사업계획 등을 고려하여 정하도록 하고 있다. 이주자택지, 생활대책용지, 협의양도인택지의 공급 방식은 수의계약으로 이루어지며, 대토보상용지의 공급 방식은 대토보상용지의 대상자 순위에 따른 일반경쟁입찰 방식이다.

특별공급 용지별 공급기준 및 가격

대토의 공급가격은 토지 보상법 외의 법률에 특별한 규정이 있는 경우를 제외하고는 일반 분양가격으로 공급되며, 「택지개발촉진법」 등 개별 법률에서 일반경쟁입찰 방식으로 공급되는 용지는 해당 필지 감정가격에 공급용도별 평균낙찰률(낙찰가격/감정가격)을 곱한 가격으로 결정된다. 이때 대토의 조기 공급 등을 위해 필요한 경우 사업지구를 위치·형상·면적·주변 환경 등 가격형성요인이 유사한 권역으로 구분한 후 해당 권역의 공급용도별 일반경쟁입찰용 토지를 대상으로 공급용도별 평균낙찰률을 산정할 수 있고, 중심상업용지를 제외한 상업용지는 공급용도별 평균낙찰률이 120%를 초과하더라도 공급용도별 평균낙찰률을 120%로 적용할 수 있다.

그러나 이주자택지의 공급가격은 조성원가에서 토지보상법 시행령 제41조의 2에 따른 생활기본시설 설치비를 제외한 금액을 기준으로 한다. 다만, 기준면적을 초과하는 필지를 공급하는 경우 초과분에 대해서는 감정가격으로 산정하고, 이주자택지의 필지별 공급가격에 차등을 둘 필요가 있는 경우에는 이주자택지의 개별적인 사항을 참작하여 급지를 구분하고 그 급지별로 차등가격을 적용할 수 있다(이주 및 생활대책 수립지침 제17조).

또한 협의양도인택지의 공급가격은 수도권지역은 감정가격, 기타지역은 조성원가의 110% 또는 감정가격을 초과하면 감정가격으로 결정한다(도시개발사업:감정가격). 이 경우에도 공급면적이 265㎡를 초과하는 때에는 그 초과면적에 대하여는 감정가격 수준으로 결정된다(협의양도인택지 공급지침 제5조).

생활대책으로 공급하는 상업용지의 공급가격은 감정가격으로 공급하며, 상가점포는 동일상가, 동일층의 제곱미터당 평균 낙찰가격으로 한다(이주 및 생활대책 수립지침 제32조).

이러한 공급가격 결정기준을 토대로 대토보상과 교호관계가 예상되는 특별공급용지의 용지유형별 가격경쟁력을 가늠해 보면, 먼저 대토보상이 단독주택용지에서 이루어질 경우 이주자택지 및 협의양도인택지와 비교하면, 수요자 측면에서 볼 때 대토보상용지는 조성원가 이하로 공급되는 이주자택지보다 가격경쟁력에서는 떨어진다. 감정가격 이하(수도권: 감정가, 기타: 조성원가 110% 또는 감정가)로 공급되는 협의양도인택지의 경우도 대토보상용지(감정가격)보다 가격경쟁력이 동일하거나 다소 우위에 있어 대토보상용지는 이주자택지나 협의양도인택지 보다 가격경쟁력 측면에서 비교적 떨어진다는 것으로 볼 수 있다.

수용방식의 개발지구 내 토지소유자는 관련 법률과 제도에 따라 특별공급용지의 공급기준·대상·가격·방법 등에 따라 해당 토지를 공급받을 수 있다. 우선적으로 종전토지의 감정평가를 최대한 높게 평가받아야 한다. 특별공급용지를 공급받을 때 보다 많은 면적을 확보할 수 있기 때문이다. 보통 감정평가는 사업시행자 측 감정평가사와 토지소유자 측이 선정한 감정평가사가 평가기준에 따라 평가하게 된다. 감정평가를 잘 받기 위해서는 전문기관에 의뢰하거나 주민대책위원회에 적극적으로 참여하여 선제적으로 대응해 나가는 것이 중요하다. 이렇게 시간과 노력 등을 기울이면 토지의 감정평가액을 통해 보다 많은 면적을 공급받을 수 있고, 좋은 위치에 택지를 공급받을 수 있을 것이다.

기준 : 조성원가−생활기본시설 설치비
(보통 조성원가의 80% 수준)
▶ 1회에 한해 전매 가능

이주자택지

수도권 : 감정가격
기타지역 : 조성원가의 110% 또는 감정가격 중 낮은 금액
▶ 소유권 이전 등기시까지 전매 제한

협의양도인택지

상업용지 : 감정가격
상가점포 : 동일상가 동일층의 제곱미터 당 평균 낙찰가격
▶ 단독 실행불가, 조합 구성

생활대책용지

대토 : 감정가격 x 평균낙찰률(낙찰가격/감정가격) ▶ 소유권 이전 등기시까지 전매 제한
　　예) 10억 x 15억/10억 = 15억
단, 중심상업용지를 제외한 일반상업용지는 평균낙찰이 120%를 초과하더라도 평균낙찰률
120%로 적용 (대토공급가격=12억)

대토보상용지

이택·협택·생활대책용지·대토보상용지 공급기준 및 가격

공급가격

주택용지 이주자택지 < 협의양도인택지 ≤ 대토보상용지 ≤ 일반분양용지
상업용지 생활대책용지 ≤ 대토보상용지 ≤ 일반분양용지

주택용지 일반분양용지 ≤ 대토보상용지 ≤ 협의양도인택지 < 이주자택지
상업용지 일반분양용지 ≤ 대토보상용지 < 생활대책용지

가격경쟁력

이택·협택·생활대책용지·대토보상용지·일반분양용지 가격경쟁력

대토보상 리츠란?

국토부는 공공택지 조성의 개발 이익을 원주민과 공유하기 위해 대토보상 리츠도 도입한다. 토지 소유자로부터 대토로 받은 용지를 출자받아 리츠(부동산투자회사)를 설립한 뒤 공동주택 및 상업용 건물을 짓는 개발사업을 하는 것이다. 사업이 완료되면 발생한 이익을 투자자(대토 보상자)에게 배분한다. 원주민 1인당 받을 수 있는 대토 면적이 넓지 않은 점을 고려해 대토 부지를 모아 개발사업을 한다.

그동안 이런 대토를 활용한 시행사업은 주로 민간 영역이었다. 최근에는 LH가 대토보상리츠를 도입해 주도적으로 이끌어가겠다는 포석이다. 민간 시행사들은 상업용지에 주상복합 및 오피스텔을 건설해 높은 수익률을 올려왔다. LH는 앞으로 대토를 모아 아파트로 개발하는 사업에 주력할 방침인 것으로 알려졌다. 미분양이 발생하면 LH가 매입하는 구조여서 투자 리스크가 거의 없다. LH가 신용보강을 해주는 까닭에 조달 금리도 낮다. 전문가들은 대토보상리츠의 기대 수익률이 사업 기간 5년 동안 30% 이상에 달할 것으로 예상했다. LH는 자산관리회사(AMC)로도 참여할 방침이다.

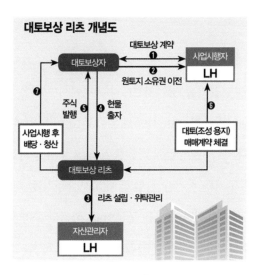

예를 들면 토지 보상금이 10억인 땅을 5억은 현금으로 받고, 5억은 개발되는 택지지구 내 토지를 사업시행자에게 현물 출자하여 사업시행자가 시행 및 개발 후 이익을 배분하는 방식이다. 민간 부동산개발회사가 사업시행자로 개발하고 LH가 자산관리회사(AMC)로 참여하거나 LH가 사업시행자로 참여하는 방식이 있다.

대토보상 리츠는 통상 근린생활시설용지나 복합용지 등의 땅을 위주로 사업을 시행하는데 미분양 등으로 현금회전의 어려움이 발생할 수 있으므로 개발성, 수익성, 분양성 등을 면밀히 검토해야 한다.

사례를 통해 배우는 대토보상 및 차익형 투자 실전 사례

부자는 시간에 투자하고 가난한 사람은 돈에 투자한다.
-워렌 버핏(기업인)

수용 방식의 사업 지구 내 토지 투자는 현금으로 보상받아 차익을 남길 것인지, 대토보상용지 등 택지로 공급받을 것인지 2가지 측면에서 고려하여 투자에 임해야 한다. 사실 토지 수용법은 법률적·제도적인 내용이 다소 어렵기 때문에 일반 사람들이 접근하기에 쉽지 않다. 토지 보상금의 차익을 노리고 투자를 하려고 해도 개발 이슈가 있는 이상 저렴한 토지를 찾기가 어렵고, 대토보상용지 등 특별공급용지를 공급받으려 할 경우 장기간 소요된다는 점은 부담이다. 하지만 투자 원칙에 따라 분산 투자와 장기 투자로 접근하고 목표를 정한다면 좋은 입지 조건을 갖춘 땅을 소유할 수 있게 된다.

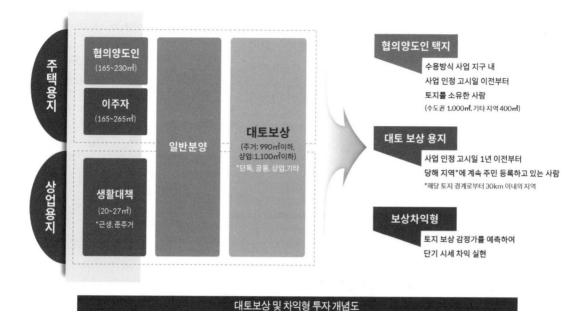

대토보상 및 차익형 투자 개념도

단기 토지보상 차익형 투자 사례 I

의정부 우정공공주택지구 수용 예정 토지

2018.09.21   지구지정 및 사업인정 의제 주민 등 의견 청취 공고

2018.10.31   토지거래계약 허가구역 지정 공고

2018.12.05   전략환경영향평가 항목 등의 결정내용 공개 공고

2019.06.27   중앙도시계획위원회 개최(심의통과)

2019.07.19   지구지정 고시

2020년   협의보상 / 지구계획승인 고시

2023년   준공(예정)

해당 토지는 2020년 하반기 토지보상이 예정되어 있어 2년 이내에 차익을 얻을 수

있는 물건이다. 토지 보상금이 얼마나 나올지 예상 보상가를 산정해 보자. 이 땅의

현재 개별 공시지가는 337,386,800원(248㎡ × 489,100원/㎡ + 294㎡ × 735,000원/㎡)이다. 토지 보상금 산정은 표준지공시지가를 적용하므로 이 땅의 비교 표준지공시지가는 ㎡당 825,000원이다. 공공택지 보상비는 표준지 공시지가를 기준으로 필지 상태 등을 고려해 감정평가액이 결정된다. 토지의 특성에 따라 토지 보상가가 달라지지만 평균 표준지공시지가 대비 150% 선이다. 용도별로 보면 공시지가 대비 대지는 150%, 농지는 120 ~ 130%, 임야는 100 ~ 110% 수준에서 보상비를 받는 것이 일반적이다. 따라서 해당 토지의 예상 보상가를 산정해 보면 다음과 같다.

평가가격 = 표준지의 공시지가 × 시점요인 × 지역요인 × 개별요인 × 기타요인

기호	지목	면적	표준지 공시지가	요인(평균 가중치 적용)	예상 보상가
1	전	248㎡	825,000원	120%	245,520,000원
2	대지	294㎡	825,000원	150%	363,825,000원
합계					609,345,000원

* 낙찰 결과 661,100,000원 Vs 예상 보상가 609,345,000원

향후 감정가가 어느 정도 형성돼야 낙찰자가 이익 실현이 가능할지 의문이 든다. 입찰자는 11명으로 개발 지구 내 물건은 항상 인기가 있다. 따라서 낙찰가 대비 차익을 노릴 수 있는 물건은 쉽게 구하기 어려운 것이 현실이다. 다만 꾸준히 물건을 찾다 보면 투자 경험도 쌓고 좋은 기회가 오지 않을까 생각한다.

대토보상용지 등 특별공급 택지 투자 사례 II

평택 현덕지구(경제자유구역) 수용 예정 토지

2008.05.06   황해경제자유구역 지정고시

2014.01.17   개발사업 시행자 지정 고시(대한민국 중국성개발(주))

2016.06.17   현덕지구 실시계획 승인

2018.08.31　개발사업시행자 취소 고시

2020.05.01　중국성개발(주) 사업시행자 지정 취소 소송 항소심→경기도 승소

2020년　　하반기 대법원 상고심 예정

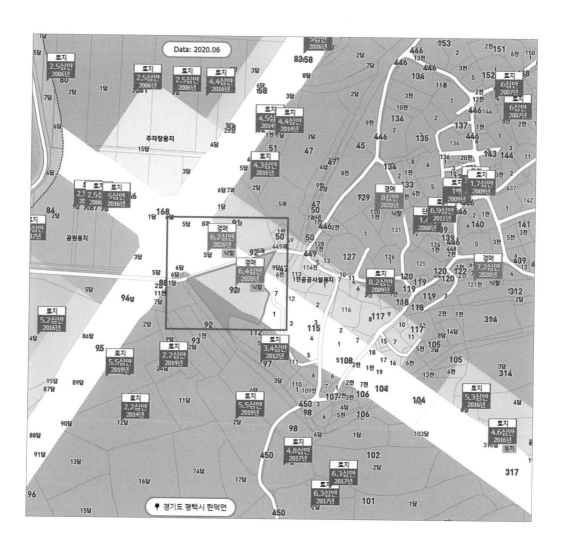

해당 지역은 말도 많고 탈도 많은 평택 현덕지구 내 물건이다. 현재 경기도와 사업 시행자인 (주)중국성개발 사이에서 사업 시행자 지정 취소에 관한 건으로 재판이 진행 중이며, 2심 결과 경기도가 승소했고 대법원의 결과에 따라 사업이 재개될 예정이다. 단순하게 토지 보상금 차익형으로 낙찰받기에는 부담이 되는 가격으로 판단된다. 위 경매 감정가격으로 판단해 보면 약 5억 2천만 원 정도의 평가금액을 대토보상용지로 신청하여 공급받을 수 있다. 사업이 재개되고 본격화되려면 다소 기간이 소요되는 만큼 장기적인 투자 관점에서 접근하는 것이 유리하다.

대토보상용지 등 특별공급 택지 투자 사례 III

고양 창릉지구(3기 신도시) 수용 예정 토지

2019.10.24   택지개발예정지구 지정 주민 공람공고

2020.03.04   택지개발예정지구 지정 고시

해당 지역은 3기 신도시로 지정된 고양 창릉지구 내 물건이다. 토지보상금을 잘 받는다면 비교표준지공시지가(103,900만 원)×150% = 약 15억 5천만 원 정도로 받을 수 있을 것으로 판단한다. 그렇다면 과연 이 땅은 대토보상용지 등 택지로 공급받을 수 있을까? 낙찰을 받은 사람이 고양시 거주하고 있는 것으로 보아 현지인에 해당하므로 대토보상용지를 공급받을 수 있을 것으로 판단한다. 또한 협의양도인 택지는 사업 시행자와 협의해야 하는 사항이다.

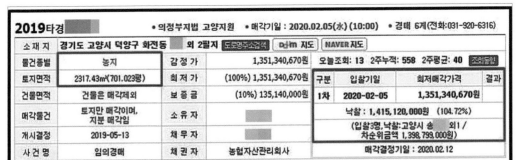

2019타경		• 의정부지법 고양지원		• 매각기일 : 2020.02.05(水) (10:00)		• 경매 6계(전화:031-920-6316)	
소재지	경기도 고양시 덕양구 화전동 외 2필지 도로명주소검색 Daum 지도 NAVER 지도						
물건종별	농지	감정가	1,351,340,670원	오늘조회: 13 2주누적: 558 2주평균: 40 조회동향			
토지면적	2317.43㎡(701.023평)	최저가	(100%) 1,351,340,670원	구분	입찰기일	최저매각가격	결과
건물면적	건물은 매각제외	보증금	(10%) 135,140,000원	1차	2020-02-05	1,351,340,670원	
매각물건	토지만 매각이며, 지분 매각임	소유자		낙찰 : 1,415,120,000원 (104.72%)			
개시결정	2019-05-13	채무자		(입찰3명,낙찰:고양시 송 외1 / 차순위금액 1,398,799,000원)			
사건명	임의경매	채권자	농협자산관리회사	매각결정기일 : 2020.02.12			

사진 펼쳐보기 ∨

사진	토지등기	감정평가서	현황조사서	매각물건명세서	부동산표시목록	기일내역	문건/송달내역
사건내역	전자지도	전자지적도	로드뷰	온나라지도+			

* **매각토지.건물현황**(감정원 : 하나감정평가 / 가격시점 : 2019.06.21)

목록		지번	용도/구조/면적/토지이용계획	㎡당 단가 (공시지가)⊕	감정가	비고
토지	1	화전동	과밀억제권역,개발제한구역,토지거래계약에관한허가구역,자연녹지지역...☑	전 926㎡ (280.115평)	840,000원 (704,200원)	777,840,000원	☞ 전체면적 3241㎡중 윤성용 지분2/7 매각
	2	화전동	과밀억제권역,개발제한구역,토지거래계약에관한허가구역,자연녹지지역...☑	전 220.29㎡ (66.638평)	429,000원 (220,700원)	94,504,410원	☞ 전체면적 771㎡중 윤성용 지분2/7 매각
	3	화전동	과밀억제권역,개발제한구역,토지거래계약에관한허가구역,자연녹지지역...☑	전 1171.14㎡ (354.27평)	409,000원 (249,000원)	478,996,260원	☞ 전체면적 4099㎡중 윤성용 지분2/7 매각
			면적소계 2317.43㎡(701.023평)		소계 1,351,340,670원	
감정가			토지:2317.43㎡(701.023평)	합계	1,351,340,670원	토지만 매각이며, 지분 매각임

현황 위치	* "화전역(지하철-경의중앙선)" 북서측 인근에 위치하는 부동산으로서, 주위는 농경지 및 근린생활시설 등이 혼재하는 지역으로 제반 주위환경은 보통시 됨. * 본건까지 차량의 접근이 가능하며 인근에 노선버스 정류장 및 화전역(지하철-경의중앙선)이 소재하는 등 제반 교통상황은 보통시 됨. * 인접지 및 인접지 대비 대체로 등고 평탄한 부정형 토지로서 전으로 이용중임. * 1)남서측으로 왕복 6차선 도로에 접함. 2)본건 북서측으로 노폭 약 4미터 내외의 포장도로에 접함. 3)지적상 맹지이나, 1),2)를 통하여 출입이 가능함.

고양 창릉지구 내 경매물건

구분	개별법상 사업인정 기준시점	가능여부
이주자택지	택지개발예정지구 공람공고일 1년 이전부터	불가(×)
협의양도인택지	택지개발예정지구 공람공고일 이전부터	협의(△)
생활대책용지	기존에 영업 등 생업종사자	불가(×)
대토보상용지	사업인정 고시일 1년 이전부터 당해 지역에 계속해 주민등록을 한 사람 또는 사실상 거주하고 있는 사람 1순위 공급 (당해지역 : 해당 토지의 경계로부터 30km이내 지역)	가능(○)

3기 신도시 아파트 1채 특별공급한다

정부가 수도권 3기 신도시 등 공공택지 주민들이 자신의 땅을 협의양도했을 때, 해당 택지에서 공급되는 주택을 가구당 1채씩 특별공급받을 수 있도록 자격을 부여한다. 3기 신도시 등 대규모 택지 개발 토지보상을 앞두고 원주민의 재정착을 도우면서 막대한 토지 보상금이 서울로 유입되는 것을 막기 위한 조치다. 2일 건설업계 등에 따르면 지난달 말 국토교통부가 입법예고한 주택공급에 관한 규칙 개정안에 이런 내용이 들어 있다.

그동안 개발제한구역을 풀고서 이뤄지는 택지개발사업이나 도시개발사업에서 원주민이 땅을 협의양도하고 나서 그 대가로 협의양도택지 추첨에 응했으나 떨어졌을 때 주택을 특공 물량으로 따로 떼어내 지급했다. 개정안은 여기에 공공주택특별법으로 추진되는 공공주택건설사업을 추가했다. 이에 따라 3기 신도시와 수도권 30만호 공급 계획에 포함된 공공택지 등 유망지역 택지가 대거 포함될 전망이다. 정부는 협의양도택지를 공급받지 못한 경우뿐만 아니라 택지를 공급받지 않은 원주민도 특공 대상에 포함했다. 3기 신도시 등지의 원주민 중 자신이 보유한 택지를 감정가 수준으로 한국토지주택공사(LH) 등 사업자에게 넘기는 대신 그 지구에서 나오는 아파트를 특공으로 받는 것을 선택할 수 있는 것이다. 협의양도택지는 단독주택 용지지만 이렇게 특공으로 받을 수 있는 주택은 아파트이기 때문에 큰 차이가 있다. 이 특별공급은 일반적인 특공과도 성격이 다르다. 청약을 받기 전 LH 등 사업자와 지자체 등이 협의를 통해 수요를 계산해 놓고 미리 물량을 따로 배정해 놓는 것이기에 대상자는 100% 당첨된다.

다만 자격 요건은 수도권의 경우 양도하는 토지의 면적이 1000㎡ 이상 되어야 하며 청약 시 무주택자여야 한다. 이미 주택을 소유한 원주민이라 해도 청약 전 기존 주택을 처분해 무주택자가 되면 자격을 얻을 수 있다. 정부는 1000㎡ 이상으로 설정된 토지 면적 기준을 일부 완화하는 방안도 검토할 예정인 것으로 전해졌다. 정부가 신도시 등 신규 택지 주민들과 택지보상 문제를 협의하는 과정에서 주민 의견을 수렴해 제도화한 것으로 알려졌다.

무주택자나 신혼부부 특공 물량이 줄어드는 것은 아니냐는 우려가 나온다. 국토부는 협의양도 특공은 기존 특공과 완전히 별개로 운영되는 데다, 신도시 등 대형 택지는 여력이 있어 협의양도한 원주민을 위한 주택 공급을 확대하는 데 큰 문제가 없다는 입장이다. 주택공급에 관한 규칙 개정안은 2020년 9월 중순 시행될 전망이다. 2021년에 시작되는 3기 신도시 등 공공택지 3만가구 사전 청약부터 당장 적용될 수 있다. (2020.08.02. / 디지털타임스 보도자료)

〈대토보상 및 차익형 투자 물건 분석 절차〉
① 경매물건 찾기 → ② 사업 진행 단계 확인 → ③ 예상 보상가 산정 → ④ 대토보상용지 등 택지 공급 가능 여부 확인 → ⑤ 입찰금액 결정

06 요즘 대박!
그린벨트 내 전망 좋은 카페부지

나이를 먹는 것 자체는 그다지 겁나지 않았다.
나이를 먹는 것은 내 책임이 아니다. 그것은 어쩔 수 없는 일이다.
내가 두려웠던 것은 어떠한 시기에 달성되어야만 할 것이
달성되지 못한 채 그 시기가 지나가 버리고 마는 것이다.
-무라카미 하루키 '먼 북소리' 中

스타벅스 리버사이드 팔당 DTR점 외부전경

요즘 수도권 3기 신도시 개발 호재 등으로 인해 서울 외곽의 카페가 부쩍 늘었다. 서울에서 1시간 내 전망 좋은 카페라면 주차장은 만차가 되고 만다. 커피와 빵을 굽는 카페들이 잘되다 보니 카페 부지를 찾는 수요가 급증했다. 서울 근교의 카페 부지는 대부분 그린벨트(개발제한구역)로 묶여 있어 건축이 어렵다. 그렇다면 그린벨트 내 건축을 하려면 어떻게 해야 할까?

개발제한구역 토지는 '개발제한구역의 지정 및 관리에 관한 특별조치법'의 적용을 받는다. 따라서 개발제한구역 내 개발 행위는 몇가지 예외적인 상황을 빼고는 개발이 불가능하다. 이축권[1]은 개발제한구역 내 주택이 도로에 수용돼 건물이 철거됐을 때(공공이축권), 개발제한구역 지정 전에 다른 소유권자의 땅위에 주택을 살고 있다가 지주가 철거를 요구하거나 주택을 옮겨야 할 때(일반이축권) 개발제한구역 내에 건축물을 옮겨 지을 수 있는 권리다. 그린벨트 취락지구 내 토지일지라도 대지가 아닌 곳에 건축을 하려면 반드시 이축권이 있어야 가능하다.

즉, 이축권은 토지와 건축물을 동시에 소유한 소유자나 토지와 건물 각각 소유권자가 다른 경우에 개발제한구역 내 건축물을 지을 수 있는 권리다. 이축권은 1회에 한해 제3자에게 전매가 가능하다. 이축 시 대지로 지목변경을 할 수 있는 면적도 최대 330㎡(약 100평)이다. 건축물의 규모는 거주기간에 따라 차등 적용하고 있다. 투자자(외지인)들은 이축권을 어떻게 사용할까?

1　**이축권**(移築權): 그린벨트(개발제한구역) 내의 주택 소유자가 인근 다른 개발제한구역 내에 건축 허가를 받아 주택을 옮겨 지을 수 있는 권리를 말한다. 일명 용마루(지붕의 가장 높은 부분에 있는 수평 마루)라고도 부른다.

그린벨트 주변이 경치가 좋아 카페를 짓고 싶다고 할 때, 땅을 알아보던 중 구리시의 그린벨트 내 이축이 가능한 땅을 보게 된다. 이축권은 희소가치가 매우 높기 때문에 몇 억 원의 프리미엄(웃돈)이 붙는 것이 보통이다. 토지 3,000㎡를 웃돈 8억 원을 주고 매입했다. 이때 대지로 지목변경을 할 수 있는 면적이 330㎡을 감안해 카페를 짓는다. 카페를 운영해 운영수익을 얻거나 스타벅스와 같은 카페를 임대해 임대수익을 얻을 수 있다.

이축권 행사는 지목 제한규정은 없으나 임야는 불가능한 것이 일반적이며, 일반이축권은 신축 후 기존주택을 철거, 공공이축권은 철거가 먼저 시행되는 경우가 많으므로 이축대상 주택을 사전에 식별하기가 어려운 것이 현실이다. 투자자(외지인)가 그린벨트 내에서 건물을 신축하기 위해서는 원주민으로부터 이축권을 매입해서 하면 되는데, 이축권 매매는 전매제한이 걸려있는 분양권을 매매하는 것과 유사한 불법적 거래로 제도화되지 않은 사인간의 거래이므로 꼼꼼히 확인해야 한다.

원주민으로부터 이축권을 매입하더라도 이축권자가 해당 시·군에 자기 소유 토지를 제출해야 건축허가가 나온다. 일단 이축권을 매도한 권리자 명의로 이축할 땅을 사고 거기에 새 집을 준공한 후 소유권을 넘겨받아야 하는데 이것이 가장 일반적인 진행 방식이다.

이축권 매입 시 주의사항

▶ 이축권은 사업주체로부터 주어지는데 이축권이라는 증서는 없고 주택 등의 지장물이 사업에 편입되었다는 '편입확인서'가 있다. 이를 근거로 이축을 하게 된다.

▶ 이축권은 매입 전에 개발제한구역 건축물관리대장(무허가 건축물은 이축권 발생

대상이 되지 않는다), 등기사항증명서, 토지수용확인서, 공익사업 지정고시문, 편입확인서 확인, 철거예정 통보서 등을 통해 해당 시·군의 담당부서에 문의하여 이축권이 생기는 진위 여부를 확인하여야 한다.

▶ 건축허가가 먼저 나오고 규모에 맞는 이축할 토지를 미리 확보해야 한다.

▶ 이축권의 시세를 확인(이축이 가능한 지역과 건축물의 종류 및 면적에 따라 시세가 다르며 적게는 2~3억 원에서 많게는 3~9억 원까지 하는 것으로 알려져 있다).

▶ 원소유자 명의로 신축해서 소유권을 넘겨받아야 하므로 매매계약서 작성 시에 특약을 잘 넣어 사후에 발생할 수 있는 문제에 대해 예방해야 한다.

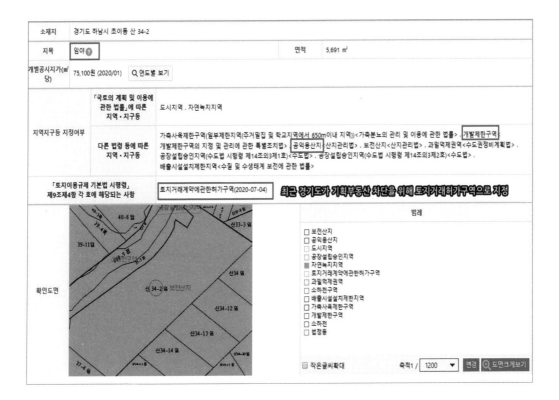

소재지	경기도 하남시 초이동 산 34-2			
지목	임야		면적	5,691 ㎡
개별공시지가(㎡당)	75,100원 (2020/01) Q 연도별 보기			
지역지구등 지정여부	「국토의 계획 및 이용에 관한 법률」에 따른 지역·지구등	도시지역 , 자연녹지지역		
	다른 법령 등에 따른 지역·지구등	가축사육제한지역(일부제한지역(주거밀집 및 학교지역에서 650m이내 지역))<가축분뇨의 관리 및 이용에 관한 법률> , 개발제한구역 , 개발제한구역의 지정 및 관리에 관한 특별조치법> , 공익용산지<산지관리법> , 보전산지<산지관리법> , 과밀억제권역<수도권정비계획법> , 공장설립승인지역(수도법 시행령 제14조의3제1호)<수도법> , 공장설립승인지역(수도법 시행령 제14조의3제2호)<수도법> , 배출시설설치제한지역<수질 및 수생태계 보전에 관한 법률>		
	「토지이용규제 기본법 시행령」 제9조제4항 각 호에 해당되는 사항	토지거래계약에관한허가구역(2020-07-04) **최근 경기도가 기획부동산 차단을 위해 토지거래허가구역으로 지정**		

최근 이러한 호재를 틈타 기획부동산이 그린벨트 임야를 비싸게 팔고 있다. 그린벨트 임야는 대부분 공익용 산지다. 해당 토지의 지번을 확인하고 토지이용계획 확인서를 보면, 공익용 산지로 표기되어 있을 것이다. 투자를 하지 말아야 할 땅이다.

그린벨트는 공익사업으로 풀릴 수 있다. 하지만 사업 방식이 100% 수용 방식이다. 기획부동산을 통해 시세 대비 비싸게 매입한 땅이 공시지가 기준으로 산정하는 토지보상금보다 많을 수는 없다. 즉, 풀려도 문제고 안 풀려도 문제다.

하지만 그린벨트 투자를 포기하자니, 서울 근교의 입지 좋고 경치 좋은 땅이 아깝다. 그린벨트에 대해 잘 모르겠고, 언제 풀릴지도, 또 어떻게 수익을 내야 하는지도 모르겠다. 그래서 일반인들이 쉽게 접근하기 어려운 투자처. 그린벨트 투자는 종잣돈이 많이 필요하고 발품도 팔아야 한다. 또 공부도 해야 하며 반드시 전문가의 조언도 구해야 한다.

공익사업 시행으로 해제된 GB 주민도 주택 신축 가능

개발제한구역을 해제하고 시행하는 공익사업도 주택, 근린생활시설의 이축자격을 부여하는 내용의 '개발제한구역의 지정 및 관리에 관한 특별조치법 시행령' 일부 개정안이 국무회의를 통과해 시행된다.

이축(移築)은 공익사업의 시행으로 주택, 근린생활시설이 철거된 경우, 개발제한구역에 옮겨서 신축하는 것을 말한다.

그동안 개발제한구역에서 허용하는 공익사업을 시행하는 경우, 개발제한구역의 입지기준 등에 적합한 경우에만 이축을 허용하고, 개발제한구역을 해제하고 시행하는 공익사업의 경우에는 이축을 할 수 없었다.

이번 개정안은 앞으로 개발제한구역을 해제하고 시행하는 공익사업의 경우에도 주택, 근린생활시설에 대해 입지기준을 갖춘 개발제한구역으로 이축할 수 있도록 했다.

개정안은 해당 공익사업을 목적으로 개발제한구역이 해제되고, 시행일 당시 종료되지 않은 공익사업인 경우에 한해 적용된다. 해당 주민은 주택 등의 이축 허가를 신청하면 된다.

PART 5

CONCEPT 4

1억 투자로 월 300만 원
평생 연금 받는 비법
▶▶ 농지연금 Green Project

01 가장 쉽고 확실하고 강력한 농지연금

직업에 대해 배운다는 것은 돈을 위해 일하는 법을 배우는 것이고,
투자를 배우는 것은 돈이 나를 위해 일하게 하는 법을 배우는 것이다.
-로버트 기요사키(작가)

　2019년 10월에 일이다. 갑자기 농지연금 관련 콘텐츠의 조회수가 급증했다. 농지연금 관련 문의도 하루에 수십 통이 걸려왔다. 농지연금에 관심이 있는 사람들부터 농지를 가지고 계신 분들까지 상담문의가 폭증했다. 해당 콘텐츠는 조회수가 무려 54만 건이나 됐고, 덕분에 도선국사TV 구독자 수도 상당수 증가했다. 물론 방송 내용을 자세히 보지도 않고 비판하는 사람들도 있지만 방송으로 얼마나 자세하게 전달할 수 있겠는가? 어찌 됐든 최근에 농지연금의 관심은 높아진 것은 사실이다.

　농지연금 인기가 급상승한 이유를 확인하던 차에 2019년 10월 18일 농지은행에서 농지연금 제도를 일부 변경했다. 아마도 농지연금에 대한 관심이 높아지면서 수요자가 급증하자 연금제원의 문제가 있었던 것으로 보인다.

　'2019년 11월 농지연금 업무처리요령 개정 및 시행(일부수정)'의 주요 내용은 다음과 같다.

① 사업대상자가 2년 이상 보유한 농지

- 상속받은 농지는 피상속인의 보유기간 포함

- 경매·공매로 취득한 농지 ①과 ②의 요건을 모두 충족해야 함

② 사업대상자의 주소지(주민등록상 주소지 기준)를 담보농지가 소재하는 시·군·구 및 그와 연접한 시·군·구 내에 두거나, 주소지와 담보농지까지의 직선거리가 30km 이내의 지역에 위치하고 있는 농지

- ①과 ②의 요건은 2020년 1월 1일 이후 신규 취득한 농지부터 적용

앞 장들에서 제시된 토지 투자의 방법인 토지개발, 환지 투자, 대토보상 및 차익형 투자가 어렵고, 토지 투자를 꼭 성공해 보고 싶다면 '농지연금을 활용한 농지가치 투자'를 하라. 이것은 내가 언제, 얼마의 마진을 얻을 수 있고 활용이 가능한지 예측이 가능하다. 즉, 숫자가 눈에 확 들어온다. 또 농지가격을 높일 수 있고, 영농 소득도 얻을 수 있을 뿐만 아니라 각종 세금혜택과 매월 일정한 수익을 받을 수 있다. 농지연금을 활용한 농지가치 투자는 나이가 적든 많든 미리 준비해야 할 재테크 방법이다. 5060세대는 더 늦기 전에 시작해야 하고 3040세대는 부모님과 상의하여 활용하면 된다.

필자인 내가 일반인뿐만 아니라 연금 상품을 파는 사람, 자산운용을 하는 사람들에게도 농지연금에 관한 이야기를 하면 깜짝 놀라며 많은 관심을 보인다. 이런 걸 보면 아직까지 이것을 모르는 사람이 더 많기에 매력이 있다. 농지연금제도 도입 초기에는 농지연금에 대한 이해 부족과 충분치 않은 연금액 등으로 참여 인원이 크지 않

았다. 농지연금은 농지 담보 평가금액이 개별 공시지가의 100%로 평가된다. 농지 시세는 평당 100만 원으로 알고 있는데 공시지가는 50만 원이니 신청률이 적을 수밖에 없었다. 하지만 농지연금과 토지경매가 결합하면서 강력해졌다. 사람들은 경매를 통해 농지를 공시지가 또는 감정가격보다 저렴하게 매입할 수 있기 때문이다.

부자들은 노후자금 마련 방안으로 부동산 투자를 가장 선호하고 연금 등 금융상품의 비중은 낮은 편이다. 부자들이 부동산에 관심을 가지는 이유는 부동산에서 발생하는 임대료를 노후자금으로 활용할 수 있기 때문이다. 일반인들은 부자들을 벤치마킹해서 상가나 오피스텔 등의 수익형 부동산에 투자하고 싶지만, 가격 부담 때문에 여의치가 않다. 특히 상가는 초기 비용이 만만치 않게 들어가고 공실의 위험률도 높다. 농지연금을 활용한 농지가치 투자를 제대로 알고 활용하면 상가나 오피스텔과 같은 수익형 부동산보다 안정적으로 매월 따박따박 평생 연금을 받을 수 있을 뿐만 아니라, 개발호재 등으로 토지의 가격이 폭등해 큰 시세차익도 얻을 수 있다. 당신이 농지연금을 알면 알수록 토지 투자에 대한 두려움이 사라지고 토지 투자의 매력과 가치를 깨닫게 될 것이다.

농지연금과 주택연금을 비교해 보면, 만 65세 기준 담보 평가금액이 5억 원이고 종신정액형 지급방식의 동일한 조건으로 가입할 경우 농지연금의 예상지급액은 매월 1,918,610원, 주택연금은 1,254,770원을 지급받게 된다. 또 공실 위험이 있는 수익형 부동산과 단순 비교(연 수익률 3.5%, 4.5%)해도 농지연금이 월 지급금이 높아 안정성과 수익성에서 훨씬 강력하다.

그렇다면 실제 농지연금 지급산출표를 예로 들어 설명하겠다. 만 65세 일시인출형으로 가입하고 담보 농지 평가금액은 53,372만 원 정도다. 일시 인출금으로 14,000만

만 65세 기준 / 평가금액 5억

구분	농지연금	주택연금	수익형 부동산
월 지급금	1,918,610원 (종신정액형)	1,254,770원 (종신정액형)	1,400,000원 (연 3.5%가정) 1,875,000원 (연 4.5%가정)
최대 인출금	131,000,000원 (일시인출 30%) 월 1,351,240원	118,250,000원 (최대인출한도) 월 627,390원	

농지연금 Vs 주택연금, 수익형 부동산 비교

원을 돌려받고 매월 1,442,390원을 지급받을 수 있다. 종신정액형으로 지급받을 경우 매월 204만 원 정도를 평생 지급받을 수 있다. 또한 20여 년이 경과한 87세 시점에 예상 농지가격은 100,206만 원으로 매월 지급받은 연금액과 이자 등을 더해 76,347만 원을 제외하고도 23,859만 원 정도를 돌려받을 수 있다. 만 65세부터 100세까지 지급받은 총 연금액은 약 13억 원 정도를 받게 되어 최초 담보 농지 평가금액인 53,000만 원의 2배 이상을 지급받을 수 있다. 만약 해당 농지를 절반 정도인 3억 원으로 매입했다면 어떨까? 대박 아닌가? 종잣돈 3억 원으로 농지를 사서 만 65세부터 100세까지 13억 원 정도를 받게 된다는 말이다. 그래서 농지연금은 안정적이고 확실하며 강력하다.

농지연금지급산출표(고정금리 2.0 %, 일시인출형)(참고용)

(2019년 07월 19일 기준)

※ 이 예시표는 상담용으로, 실제 약정시에는 담보농지가격 및 가입연령 등에 따라 달라질 수 있습니다.

구 분	성 명	생 년 월 일	연 령
소유자		1954년 03월 ▮	65 세
배우자	▮	▮	▮

농지가격	533,725,200	월지급금 (일시인출금)		1,442,390원 (140,000,000원)
최초지급 (예정)월	2019년08월	월지급금 지급일		매월 15일
지급방식	일시인출형	지급기간	(년 월 일 ~ 년 월 일)	

※ 월지급금은 가입시 두 분의 나이 및 배우자승계 동의 여부에 따라 귀하/배우자 연령인 65세를 기준으로 계산됩니다.

※ 이 예시표는 가입자 연령 65세, 농지가격 533,725,200 기준입니다.

▶ 87세 (기대여명)때 예상농지가격은 1,002백만원, 농지연금채무액은 763백만원으로서 238백만원은 돌려받을 수 있습니다.

• 연금 이외에 담보농지를 자경 또는 임대하여 추가소득을 얻으실 수 있습니다.

농지연금 지급산출표 예시

연령 (세)	월지급금		가입비 및 위험부담금	이자	농지연금 채권액	예상 농지가격
	월지급액	년합계액				
65	1,442,390	7,211,950	301,222	1,197,225	148,710,397	540,011,280
66	1,442,390	17,308,680	797,469	3,169,582	169,986,128	555,401,602
67	1,442,390	17,308,680	904,820	3,596,252	191,795,880	571,230,548
68	1,442,390	17,308,680	1,014,865	4,033,630	214,153,055	587,510,618
69	1,442,390	17,308,680	1,127,675	4,481,987	237,071,397	604,254,671
70	1,442,390	17,308,680	1,243,313	4,941,598	260,564,988	621,475,929
71	1,442,390	17,308,680	1,361,856	5,412,744	284,648,268	639,187,993
72	1,442,390	17,308,680	1,483,369	5,895,720	309,336,037	657,404,851
73	1,442,390	17,308,680	1,607,936	6,390,814	334,643,467	676,140,889
74	1,442,390	17,308,680	1,735,632	6,898,336	360,586,115	695,410,904
75	1,442,390	17,308,680	1,866,533	7,418,597	387,179,925	715,230,115
76	1,442,390	17,308,680	2,000,716	7,951,918	414,441,239	735,614,173
77	1,442,390	17,308,680	2,138,267	8,498,623	442,386,809	756,579,177
78	1,442,390	17,308,680	2,279,274	9,059,051	471,033,814	778,141,684
79	1,442,390	17,308,680	2,423,817	9,633,548	500,399,859	800,318,722
80	1,442,390	17,308,680	2,571,989	10,222,461	530,502,989	823,127,805
81	1,442,390	17,308,680	2,723,882	10,826,160	561,361,711	846,586,948
82	1,442,390	17,308,680	2,879,585	11,445,011	592,994,987	870,714,676
83	1,442,390	17,308,680	3,039,198	12,079,390	625,422,255	895,530,044
84	1,442,390	17,308,680	3,202,815	12,729,698	658,663,448	921,052,650
85	1,442,390	17,308,680	3,370,541	13,396,324	692,738,993	947,302,651
86	1,442,390	17,308,680	3,542,476	14,079,685	727,669,834	974,300,776
87	1,442,390	17,308,680	3,718,727	14,780,198	763,477,439	1,002,068,349
88	1,442,390	17,308,680	3,899,402	15,498,295	800,183,816	1,030,627,296
89	1,442,390	17,308,680	4,084,610	16,234,413	837,811,519	1,060,000,174
90	1,442,390	17,308,680	4,274,468	16,989,010	876,383,677	1,090,210,179
91	1,442,390	17,308,680	4,469,092	17,762,549	915,923,998	1,121,281,169
92	1,442,390	17,308,680	4,668,602	18,555,503	956,456,783	1,153,237,683
93	1,442,390	17,308,680	4,873,118	19,368,356	998,006,937	1,186,104,957
94	1,442,390	17,308,680	5,082,766	20,201,617	1,040,600,000	1,219,908,948
95	1,442,390	17,308,680	5,297,680	21,055,788	1,084,262,148	1,254,676,353
96	1,442,390	17,308,680	5,517,985	21,931,403	1,129,020,216	1,290,434,629
97	1,442,390	17,308,680	5,743,823	22,828,993	1,174,901,712	1,327,212,016
98	1,442,390	17,308,680	5,975,324	23,749,114	1,221,934,830	1,365,037,559
99	1,442,390	17,308,680	6,212,642	24,692,329	1,270,148,481	1,403,941,129
100	1,442,390	17,308,680	6,455,913	25,659,219	1,319,572,293	1,443,953,451
합계		613,015,750	113,891,402	452,665,141		

농지연금 지급산출표 예시

평생 파이프라인 만들기 농지연금 프로세스

① 종잣돈 1억을 모은다.
② 공시지가 3억 정도의 농지를 2억에 경매로 낙찰받는다.
③ 1억 대출을 받아 명도 이전받는다.
④ 영농경력을 쌓으면서 개별공시지가를 올린다(연 1회).
　매년 8%씩 올릴 경우 공시지가는 10년이면 5억4천, 15년이면 6억6천, 20년이면 7억8천이 된다.
　(※ 개발호재에 의한 지가 상승과 감정평가액은 고려하지 않음)
⑤ 농지연금 지급 산출표를 받아본다. 마음에 들면 연금을 신청하고, 농지를 팔고 싶으면 판다.
⑥ 5060세대는 바로 시작하고, 3040세대는 부모님과 상의 한다.

02 이유불문, 나이불문
무조건 알면 유용한 농지 투자 백서

정확한 목표 없이 성공의 여행을 떠나는 자는 실패한다.
목표 없이 일을 진행하는 사람은 기회가 와도 그 기회를 모르고
준비가 안 되어 있어 실행할 수 없다.
노만 빈센트 필(목사)

농지연금이란 만 65세 이상 고령 농업인에게 소유한 농지를 담보로 노후생활 안정 자금을 매월 연금형식으로 지급하는 제도다. 농지연금은 농지를 담보로 제공하고 일정 기간 연금을 수령하는 '농촌형 역모기지 제도'로 2011년 처음 도입됐다. 정부가 농민 배려 차원에서 지원하는 상품으로 농림축산식품부와 한국농어촌공사에서 운영하고 있다. 고정자산 비중이 높은 농업 현실에 적합하고 농업인의 생활안정에 기여한 획기적인 금융상품으로 평가되고 있다. 제도 도입 초기에 비해 지속적인 개선으로 주택연금보다 더 많은 혜택과 연금액을 수령할 수 있어 농지연금 가입 인원이 증가하고 있다. 한국농어촌공사에 따르면 농지연금 신규 가입률은 전체 대상자 중 3%이며, 비슷한 제도인 주택연금은 가입률이 2%로 농지연금 가입 연령이 만 65세 이상으로 주택연금보다 10세 높은 것을 감안하면 상당히 높은 것으로 조사됐다. 현재 월 평균 지급액은 90만 원 수준인데, 담보 평가금액에 따라 월 최대 300만 원까지 지급받을 수 있다.

농지연금이란?

지급상환금액 300만원

만 65세 이상 고령 농업인에게 소유한 농지를 담보로 노후생활 안정자금을 매월 연금형식으로 지급하는 제도

추진 방향
농지자산을 유동화하여 노후생활자금이 부족한 고령농업인의 노후 생활안정 지원으로 농촌사회의 사회 안정망 확충 및 유지

법적 근거
한국농어촌공사 및 농지관리기금법 제10조 (사업) 및 제24조의5 (농지를 담보로 한 농업인의 노후생활안전 지원사업 등)

농지연금의 신청자격은 신청연도 말일 기준으로 농지 소유자 본인이 만 65세 이상이어야 한다. 또한, 신청인의 영농 경력이 5년 이상이어야 하며, 이때 영농 경력은 신청일 직전 계속 연속적일 필요 없이 전체 영농 기간 중 합산이 5년 이상이면 가능하다. 단, 대상 농지는 가입 신청자가 소유하고 있는 농지로 지목이 전, 답, 과수원으로서 실제 영농에 이용 중인 농지여야 한다. 또한, 저당권 등 제한물권이 설정돼 있지 않은 농지여야 하며, 본인 및 배우자 이외의 자가 공동 소유하고 있는 농지는 대상에서 제외된다.

농지연금 지급방식은 농지가격과 가입 연령 그리고 지급 방식에 따라 결정되며, 월 300만 원 이내에서 가입 기간에 따라 종신형과 기간형으로 분류된다. 가입연령이 높을수록, 담보농지 평가가격이 높을수록 더 많이 수령할 수 있다. 예를 들어 담보농지의 공시지가가 3억 원인 70세의 가입자가 종신 정액형에 가입하면 월 지급금은 약

1,212,000원이며, 10년 기간형에 가입할 경우 월 지급금은 약 2,870,000원이 된다. 이렇게 한번 가입된 농지연금은 이후에 농지가격이 변동된다 할지라도 가입 시점에 정해진 금액을 평생 받게 되고 만약 농지가격이 오르게 되면 언제든 채무를 상환한 후, 연금을 해지할 수 있다. 농지연금의 가입 조건과 기준, 지급 방법, 예상지급 금액 등의 상세 내용은 농지은행통합포털 사이트(http://www.fbo.or.kr)에서 확인할 수 있다.

농지연금 가입을 위해 우선 아래와 같이 농업인 조건을 갖추어야 한다.

▶ **농지법 시행령 제3조에 따른 농업인 범위**

① 1,000㎡ 이상(약 303평)의 농지에서 농작물 또는 다년생식물을 경작 / 재배

② 1년 중 90일 이상 농업에 종사하는 사람

③ 농지에 330㎡ 이상의 고정식온실, 버섯 재배사, 비닐하우스 등 농업생산에 필요한 시설을 설치하여 농작물 또는 다년생식물을 경작 또는 재배

④ 대가축 2두, 중가축 10두, 소가축 100두, 가금 1천수 또는 꿀벌 10군 이상을 사육하거나 1년 중 120일 이상 축산업에 종사하는 사람

⑤ 농업경영으로 농산물의 연간 판매액이 120만 원 이상인 사람

※ 이 중에서 한 가지라도 해당되면 농업인에 해당

위 농업인 조건을 갖춘 후 영농경력 5년 이상(총 합산 5년 이상)을 채워야 하는데, 이때 중요한 것은 농지원부를 신청하여 발급받아야 한다. 농지원부는 과거의 농업사실을 소급해 등재할 수 없으며 상속·매매·증여 및 시설설치 등의 원인으로 경작하는 농지에 변경사항이 있거나 농지원부에 누락된 농지가 있을 경우, 바로 해당 읍·면·동 사무소로 등재를 요청해 소중한 농업인의 권리를 놓치지 않아야 한다.

농지원부 신청은 주민등록상 거주지에 있는 시청, 구청, 읍·면·동사무소에 신청이 가능하며, 농지소재지가 관할구역 내에 있으면 3시간 이내 발급, 관할구역 밖에 있으면 10일 정도 소요된다. 만약 농지원부 발급시간을 단축하고 싶다면 농지소재지 읍면동사무소를 통해 자경농지 증명원 발급 후 주민등록상 거주지 읍·면·동사무소에서 농지원부 신청하면 된다. 또한 인터넷을 통해서도 발급이 가능하다('정부24' 농지원부 등본교부 신청).

❶ 부부·종신 지급

농지연금을 받던 농업인이 사망할 경우
배우자승계로 배우자 사망 시까지
계속해서 농지연금을 받을 수 있다.

❷ 영농&임대소득 가능

연금을 받으면서 담보농지를 직접
경작하거나 임대할 수 있어
연금이외의 추가소득을 얻을 수 있다.

❸ 재정지원으로 안정성확보

정부예산을 재원으로 하며 정부에서
직접 시행하기 때문에 안정적으로
연금을 지급받을 수 있다.

❹ 연금채무 부족액 미청구

연금채무 상환 시 담보농지 처분으로
상환하고 남은 금액이 있으면
상속인에게 돌려주고, 부족하더라도
더 이상 청구 하지 않는다.

❺ 재산세 감면

6억원 이하의 농지는 전액
감면되며
6억원이 초과되는 농지일 경우
6억원까지 감면 받을 수 있다.

❻ 지가상승

입지 좋은 곳 선정,
저렴하게 사서
지가 상승으로 연금액 상승

농지연금의 장점

농지연금은 매월 최대 300만 원까지 지급받을 수 있으며, 부부가 함께 준비하면 각각 300만 원씩, 최대 600만 원까지 안정적으로 연금을 받을 수 있다. 또한 국민연금,

공무원연금 등 다른 연금과 중복해서 지급받을 수 있고, 담보농지를 직접 경작하거나 임대를 통해 연금 이외의 추가소득을 얻을 수 있다. 농지연금의 재원은 정부 예산으로 안정성이 확보되어 있으며, 6억 원 이하의 농지는 재산세가 전액 감면되고, 특히 입지 좋은 곳에 저렴하게 농지를 구입하면 추후 땅값 상승의 효과도 볼 수 있다.

필자가 농지연금 특강 등을 통해 상담하다 보면 국가에 농지를 빼앗기는 것이 아닌가 걱정하는 사람도 있는데, 농지연금을 신청하더라도 사용·소유권은 모두 토지소유자에게 있다. 다만 농지를 매도할 경우 받았던 농지연금액을 농지은행에 상환 후 매도하면 된다.

농지 평가 금액은 개별공시지가의 100% 또는 감정평가액의 90% 중 높은 금액으로 가입자가 선택할 수 있다.

담보농지가격 평가 방법

예를 들어 농지평가금액이 약 1억 원가량의 농지를 보유하고 있다면, 매월 40여만 원가량의 연금을 받게 된다(종신형/만65세 기준). 가입 연령과 담보농지평가금액이 높을수록 더 많이 수령할 수 있다. 아래 도표는 가입 연령별 담보평가농지 금액이 1억 원일 경우와 5억 원일 경우 종신형으로 가입했을 때 예상지급 금액이다.

구분	출생연도	수령기간	1억		5억	
			월 수령액	100세까지 (지가상승 고려×)	월 수령액	100세까지 (지가상승 고려×)
66세	53년생	35년	392,380만	1억 6,480만	196만	8억 2400만
71세	48년생	30년	442,450만	1억 5,928만	221만	7억 9641만
76세	43년생	25년	507,390만	1억 5,221만	253만	7억 6108만
81세	38년생	20년	595,970만	1억 4,303만	298만	7억 1516만

가입 연령별 농지연금 수령액 예시(종신형)

농지연금의 지급 방식은 종신형 이외에도 기간형으로 5년형, 10년형, 15년형 중 택할 수 있다. 월 지급 상한금액은 최대 300만 원까지이다. 배우자 승계 조건으로 가입 시 농지연금 가입자가 사망할 경우, 배우자가 남은 연금을 승계받을 수 있다.

농지연금을 활용한 농지가치 투자는 강력하다!

만약 당신에게 1억이 있다면 어디에 투자 하겠는가?
정년은 짧고, 수명은 늘고, 쓸 돈은 많은데, 대부분 비슷한 고민일 것이다.
평생 파이프라인을 구축해줄 재테크 플랜을 세워라.
농지연금을 활용한 농지가치 투자는 강력하다.

만약 당신에게 종잣돈 1억 원이 있다면 어디에 투자하겠는가? 수익형 상가나 오피스텔, 아파트, 아니면 프랜차이즈 매장을 차려 자영업을 하겠는가? 상가나 오피스텔은 공실 문제와 추후 매도 걱정이 있다. 아파트는 정책과 경기에 따라 시세가 들쑥날쑥 불안하다. 자영업 폐업률은 익히 많이 들어봤을 것이다. 또 계속해서 일해야 한다. 정년은 짧고 수명은 늘고 쓸 돈은 많다. 우리나라 3040세대와 5060세대까지도 대부분 비슷한 고민일 것이다. 토지를 처음 접한 사람에게는 토지 투자가 어렵게 느껴질 것이다. 적은 종잣돈이다 보니 투자의 기회를 놓칠까 하는 두려움 때문에 진입장벽이 높기도 하다. 하지만 필자가 앞에서 다뤘던 개발지구 내 땅이든, 개발지구 인접지 땅이든 항상 투자는 불확실성이 존재하기 마련이다. 어떤 투자도 불확실성이 존재하지 않는 투자는 없다. 안정성과 함께 높은 수익성을 갖춘 상품은 찾기 어렵다. 은행은 안정성이 있지만 수익성이 떨어지고, 주식은 수익성이 좋지만 원금 손실의 위험이 있다. 그렇다면 토지 투자는 어떻게 생각하는가? 땅은 잘만 하면 대박을 터트릴 수 있지만, 영원히 나의 피 같은 돈이 땅에 묶일 수도 있다. 하지만 농지연금을 활용한 농지 투자는 투자의 불확실성을 제거한다. 이처럼 투자의 불확실성을 제거하고 기대 이상의 높은 수익률도 추구할 수 있는 것이 바로 농지연금을 활용한 농지가치 투자다.

1억 투자로 월 300만 원 평생 연금 받는 비법

잠자는 동안에도 돈이 들어오는 방법을 찾아내지 못한다면
당신은 죽을 때까지 일을 해야만 할 것이다.
-워렌 버핏(기업인)

만약 당신에게 종잣돈 1억 원이 없다면 소액으로 할 수 있는 환지 투자(Concept 2)를 통해 종잣돈을 불려라. 딱 5년 만 묻어 두면 분명 자산이 늘어나 있을 것이다. 만약 당신에게 현재 1억이 있다면 평생 파이프라인을 구축하기 위해 농지연금을 활용한 농지가치 투자를 시작하라.

평생 파이프라인 만들기 농지연금 프로세스를 사례를 통해 적용해 보자.

① 종잣돈 1억을 모은다.

② 공시지가 3억 정도의 농지를 2억에 경매로 낙찰받는다.

③ 1억 대출을 받아 명도 이전받는다.

④ 영농경력을 쌓으면서 개별공시지가를 올린다(연 1회).

매년 8%씩 올릴 경우 공시지가는 10년이면 5억4천, 15년이면 6억6천, 20년이면 7억8천이 된다.

(※ 개발호재에 의한 지가 상승과 감정평가액은 고려하지 않음)

242

2017타경			• 의정부지법 본원	• 매각기일 : 2018.07.20(金) (10:30)	• 경매 3계(전화:031-828-0323)	

소 재 지	경기도 가평군 청평면 청평리 [도로명검색] [D지도] [N지도]					
물건종별	농지	감 정 가	217,124,000원	오늘조회: 1 2주누적: 0 2주평균: 0 [조회동향]		

				구분	입찰기일	최저매각가격	결과
토지면적	527㎡(159.418평)	최 저 가	(49%) 106,391,000원		2018-03-09	217,124,000원	변경
				1차	2018-05-11	217,124,000원	유찰
건물면적		보 증 금	(10%) 10,640,000원	2차	2018-06-15	151,987,000원	유찰
				3차	2018-07-20	106,391,000원	
매각물건	토지 매각	소 유 자		낙찰 : 131,000,000원 (60.33%)		
개시결정	2017-07-03	채 무 자		(입찰5명,낙찰: / 차순위금액 126,000,000원 / 자순위신고)		
사 건 명	임의경매	채 권 자	(주)정우금융대부외1	매각결정기일 : 2018.07.27 - 매각허가결정		
				대금지급기한 : 2018.08.30		
				대금납부 2018.08.28 / 배당기일 2018.10.22		
				배당종결 2018.10.22		
관련사건	2018타경11988(중복)					

사진	토지등기	감정평가서	현황조사서	매각물건명세서	부동산표시목록	기일내역	문건/송달내역
사건내역	전자지도	전자지적도	로드뷰	온나라지도+			

• **매각토지.건물현황**(감정원 : 으뜸감정평가 / 가격시점 : 2017.07.10)

목록	지번	용도/구조/면적/토지이용계획	㎡당 단가 (공시지가) ⊞	감정가	비고
토지	청평리	수질보전특별대책지역,배출시설설치제한지역,자연보전권역,도시지역,자연녹지지역	답 527㎡ (159.418평)	412,000원 (544,300원)	217,124,000원	
감정가	토지:527㎡(159.418평)		합계	217,124,000원	토지 매각

현황 위치	* 경춘선 "청평역" 서남측 인근에 소재하는 토지로 주위는 단독주택, 민박 숙박시설 및 근린생활시설, 농경지, 펜션 등이 혼재하는 미성숙지대임. * 지적도상 맹지이나 남측 철선 및 청평리 98-26 토지로 차량 이용 출입이 가능하고, 인근에 경춘선 "청평역" 및 버스정류소가 있어 대중교통 상황 보통임. * 본건 토지는 대체로 5각형의 등고 평탄한 토지로 현황 잡종지 상태로 있음. * 맹지임.

농지 경매물건 사례(가평)

⑤ 농지연금 지급 산출표를 받아본다. 마음에 들면 연금을 신청하고, 농지를 팔고 싶으면 판다.

⑥ 5060세대는 바로 시작하고, 3040세대는 부모님과 상의한다.

종잣돈 1억이 준비됐다. 그리고 위 그림처럼 공시지가 3억 정도의 경매물건을 찾았다. 해당 토지가 농지인지 살펴본다. 농지는 지목이 전, 답, 과수원이어야 하는데 토지이용계획확인서를 확인해 본다. 토지이용계획확인서에서 확인할 항목은 지목, 면적, 개별공시지가이다. 이 토지는 지목이 '답', 면적은 527㎡, 개별공시지가는 ㎡당 561,400원이다. 감정평가액은 실제 농지 감정평가액과 상이할 수 있으므로 고려하지

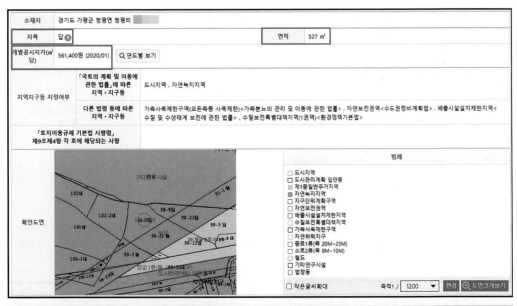

농지 경매물건 토지이용계획확인서

않는다. 해당 농지는 1억3,100만 원에 낙찰됐다. 공시지가는 2억9,585만 원이다. 거의 3억 가까이 된다. 현재 시점 농지 평가금액은 공시지가의 100%인 2억9,585만 원으로 낙찰과 동시에 1억6,350만 원 정도의 차익이 발생했다.

해당 농지는 농지로 사용하지 않고 있다. 하지만 문제가 없다. 농지로 원상복구하면 된다. 낙찰 후 1주일 이내에 농지취득자격증명서를 발급받아 경매법원에 제출하지 못하면 입찰보증금을 몰수당할 수 있다. 농취증을 발급받으려면 원상복구 후 다시 신청하는 것이 원칙이다. 하지만 아직까지 해당 토지의 소유자가 아니기 때문에 원상복구할 수 있는 자격이 없다. 그래서 원상복구를 하겠다는 계획서를 제출해야 한다. 원상복구계획서는 따로 양식이 없고 아래 샘플을 참조해서 작성하면 된다. 농지 담당 공무원이 복구계획서가 이행될 수 있는 계획이라고 판단하면 농지취득자격증명서를 발급해준다.

다음으로 해당 농지의 개별공시지가를 매년 올린다(연 1회). 매년 8%씩 올릴 경우 공시지가는 10년이면 5억4천, 15년이면 6억6천, 20년이면 7억8천이 된다(개발호재에 의한 지가 상승과 감정평가액은 고려하지 않음). 농지연금 가입조건이 완성되면 농지연금 지급산출표를 받아본다. 마음에 들면 연금을 신청하고, 농지를 팔고 싶으면 팔아서 차익을 얻는다. 농업인의 조건을 갖추고 영농경력이 5년, 만 65세 이상으로 농지연금 가입조건이 완성되면 농지연금을 신청할 수 있다.

만 65세 기준, 종신정액형으로 농지연금을 가입했을 때, 농지 평가금액이 7억8천이면 월 300만 원씩 지급받을 수 있다. 만약 당신의 나이가 46세라면 해당 토지를 낙찰받고 농지연금 프로세스에 맞춰 20년간 보유해 만 65세가 됐을 때 매월 300만원씩 지급받는 평생 파이프라인을 구축하게 되는 것이다.

농지 원상복구 계획서

1. 대상농지 : 경기도 가평군 000 번지

2. 지목 : 답

3. 면적 :000㎡

4. 취득목적 : 주말체험농장

5. 현재상태 : 무허가 창고 및 보도블럭 포장

상기 농지를 취득하려는 목적(주말체험영농)에 맞게 이용할 수 있도록 원상복구를 조기에 실시하도록 하겠습니다.

6. 원상복구 기간 : 2018년00월00일 까지

7. 원상복구 계획 : 무허가 창고 철거 및 보도블럭 포장 제거 후 영농에 적합한 상태로 복구하여 2018년 가을에 나무 묘목을 식재할 계획입니다.

2018년. . .

원상복구인 성명 :   (서 명)

주소 :

주민등록번호 :

연락처 :

필자인 나는 어떤 결과를 예측할 때 항상 보수적으로 판단하는 경향이 있다. 위 사례도 개발호재에 의한 지가 상승과 감정평가액은 전혀 고려하지 않고 오로지 공시지가 기준으로만 산정했다. 그리고 나는 최대한 안전하고 확실한 투자에만 집중한다. 농지연금은 숫자가 보이고, 언제 수익이 나오는지 예측이 가능하다.

"잠자는 동안에도 돈이 들어오는 방법을 찾아내지 못한다면 당신은 죽을 때까지 일을 해야만 할 것이다." 세계 최고의 투자자 워렌 버핏의 유명한 명언이다. 적어도 나는 잠자는 동안에도 매월 따박따박 돈이 들어오는 방법을 안다. 또 녹색시대에 맞게 주말이 되면 아이들과 함께 영농체험도 즐긴다.

반값 아파트는 어렵고 반값 농지는 쉽다

자세히 들여다보면,
대부분의 갑작스러운 성공은 오랜 시간이 걸렸습니다.
-스티브 잡스(기업인)

최근 아파트 가격이 오르자 분양 시장이 호황이다. 분양가를 낮추려는 움직임에 반값 아파트 이야기가 나온다. 하지만 분양가를 낮추는 일은 쉽지 않다. 정부 정책기관의 일만이 아니다. 아파트 경매 시장에서도 아파트 낙찰가율은 이미 100%를 초과했다. 반면에 반값 농지는 쉽다. 농지를 경매로 반값에 낙찰받는 사례는 많이 있다. 일반 사람들은 아파트를 활용하는 방법은 알지만 농지를 활용하는 방법은 모르기 때문이다. 적어도 농지연금을 알고 있는 소수의 사람들, 그리고 이 글을 읽고 있는 당신은 농지연금을 통한 농지가치 투자에 관심을 가지고 있을 것이다.

반값 농지 경매 사례 1

낙찰가 4억500만 원, 공시지가 7억6,837만 원

낙찰시점부터 3억6,337만 원 차익실현

2018타경26023　　● 수원지방법원 본원　● 매각기일 : 2019.12.03(火) (10:30)　● 경매 7계(전화:031-210-1267)

소재지	경기도 용인시 수지구 성복동 [도로명검색] [D 지도] [N 지도]

오늘조회: 1 2주누적: 3 2주평균: 0 [조회동향]

물건종별	농지	감정가	980,287,000원

구분	입찰기일	최저매각가격	결과
1차	2019-08-20	980,287,000원	유찰
2차	2019-09-25	686,201,000원	유찰
3차	2019-10-31	480,341,000원	유찰
4차	**2019-12-03**	**336,239,000원**	

토지면적	2233㎡(675.483평)	최저가	(34%) 336,239,000원

건물면적		보증금	(10%) 33,630,000원

낙찰 : 405,000,000원 (41.31%)

(입찰6명,낙찰:
차순위금액 378,335,300원)

매각물건	토지 매각	소유자	

매각결정기일 : 2019.12.10 - 매각허가결정

개시결정	2018-11-21	채무자	

대금지급기한 : 2020.01.15

대금납부 2020.01.03 / 배당기일 2020.02.17

사건명	임의경매	채권자	농협자산관리회사

배당종결 2020.02.17

관련사건	2014타경8744(2)(소유권이전)

[사진 펼쳐보기 ∨]

사진	토지등기	감정평가서	현황조사서	매각물건명세서	부동산표시목록	기일내역	문건/송달내역
사건내역	전자지도	전자지적도	로드뷰	온나라지도+			

● **매각토지.건물현황(감정원 : 동양감정평가 / 가격시점 : 2018.12.06)**

목록	지번	용도/구조/면적/토지이용계획	㎡당 단가 (공시지가) [+]	감정가	비고
토지	성복동	비행안전제3구역(전술),성장관리권역,자연녹지지역,도시지역,가축사육제한구역	답 2233㎡ (675.483평)	439,000원 (317,100원)	980,287,000원	* 현황 전 및 일부 유지
감정가		토지:2233㎡(675.483평)		합계	980,287,000원	토지 매각

현황위치	* 쉘시빌 벽산아파트 남서측 인근에 위치하며 주위는 근교농촌지대로서 인근으로 아파트, 농경지, 임야등이 소재하며 제반 주위환경은 보통인 편임. * 본건 인근(쉘시빌벽산아파트)까지 차량 출입은 용이하며 인근에 버스정류장이 소재하여 대중교통 사정은 보통시됨. * 북동측 하향 완경사 부정형의 토지로서 전 및 일부 유지로 이용중임. * 지적도상 맹지이나 본건 북서측의비포장 임도로 진입 가능함.

반값 농지 경매 사례(용인)

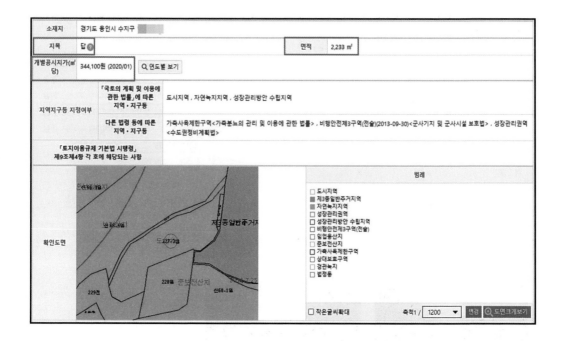

소재지	경기도 용인시 수지구				
지목	답 ⑦			면적	2,233 ㎡
개별공시지가(㎡당)	344,100원 (2020/01)	🔍 연도별 보기			
지역지구등 지정여부	「국토의 계획 및 이용에 관한 법률」에 따른 지역·지구등	도시지역 , 자연녹지지역 , 성장관리방안 수립지역			
	다른 법령 등에 따른 지역·지구등	가축사육제한구역<가축분뇨의 관리 및 이용에 관한 법률> , 비행안전제3구역(전술)(2013-09-30)<군사기지 및 군사시설 보호법> , 성장관리권역 <수도권정비계획법>			
「토지이용규제 기본법 시행령」 제9조제4항 각 호에 해당되는 사항					

범례
- ☐ 도시지역
- ■ 제3종일반주거지역
- ■ 자연녹지지역
- ☐ 성장관리권역
- ☐ 성장관리방안 수립지역
- ☐ 비행안전제3구역(전술)
- ☐ 임업용산지
- ☐ 준보전산지
- ☐ 가축사육제한구역
- ☐ 상대보호구역
- ☐ 경관녹지
- ☐ 법정동

농업인의 조건을 갖추고 있고 영농경력 5년, 만 65세 이상으로 농지연금 가입조건이 완성되어 있다면 농지연금을 신청할 수 있다. 7억6,837만 원의 농지를 4억500만 원에 산 것이나 마찬가지다. 그렇다면 종잣돈 4억500만 원이 다 필요한가? 그렇지 않다. 잔금 시 토지 담보대출 50%를 받는다면 2억 원 정도만 필요하다(보통 경락대금의 80%까지 대출이 가능하나 맹지이고, 신용상태에 따라 다를 수 있어 대출액을 보수적으로 판단함). 그리고 토지를 취득 후 2년 동안 개별공시지가 이의신청을 통해 공시지가를 올린다. 농지연금 가입 시점에 2억 원의 대출금을 상환 후 일시인출형(30%)으로 신청하면 2억 원을 돌려받고 매월 210만 원씩 평생 지급받을 수 있다.

예상 농지연금 조회 결과　　　　ⓘ 도움말

구분	종신형 ⓘ			구분	기간형 ⓘ			
	정액형	전후후박형 (70%)	일시인출형 (30%)		기간형(정액형)		경영이양형	
월지급금	2,993,030	3,000,000(전) 2,979,810(후)	2,107,940 (일시인출 금:204,000,000)	월지급금	5년	만78세 이상 가능	5년	3,000,000
					10년	만73세 이상 가능	10년	3,000,000
					15년	만68세 이상 가능	15년	3,000,000

반값 농지 경매 사례 2

낙찰가 1억8,300만 원, 공시지가 4억600만 원

낙찰시점부터 2억2,300만 원 차익실현

　　필자가 최근에 입찰한 농지. 17명이나 입찰을 할지 예상하지 못해 안타깝게도 패찰했다. 항상 느끼는 것이지만 입찰가를 결정하는 것이 가장 어렵다. 확실한 땅이라면 욕심을 버리고 과감히 써야 한다. 해당 농지는 공시지가가 4억600만 원으로 낙찰가는 1억8,300만 원이다. 낙찰시점부터 2억2,300만 원 차익이 생겼다. 이 땅은 2개의 필지로 나와서 부부가 각각 준비하면 따로따로 연금을 받을 수 있다. 이 농지도 개별공시지가 이의신청을 통해 공시지가를 더 올리고 농지연금 가입조건을 완성한 후

2019타경16690	• 의정부지법 본원	• 매각기일 : 2020.07.23(木) (10:30)	• 경매 15계(전화:031-828-0369)

소재지	경기도 가평군 북면 이곡리 ___ 외 1필지 [도로명검색] [D지도] [N지도]		

물건종별	농지	감정가	335,298,000원
토지면적	4512㎡(1364.88평)	최저가	(24%) 80,505,000원
건물면적		보증금	(10%) 8,060,000원
매각물건	토지 매각(제시외기타 포함)	소유자	박우득
개시결정	2019-08-16	채무자	(주)고구려테크
사건명	임의경매	채권자	(주)에이텍시스템
관련사건	2008타경9399(소유권이전)		

	오늘조회: 8 2주누적: 797 2주평균: 57 [조회동향]

구분	입찰기일	최저매각가격	결과
1차	2020-01-30	335,298,000원	유찰
	2020-03-05	234,709,000원	변경
2차	2020-04-09	234,709,000원	유찰
3차	2020-05-14	164,296,000원	유찰
4차	2020-06-18	115,007,000원	유찰
5차	2020-07-23	80,505,000원	
	낙찰 : 183,000,000원 (54.58%)		
	(입찰17명,낙찰:노유라)		
	매각결정기일 : 2020.07.30		

사진	토지등기	감정평가서	현황조사서	매각물건명세서	부동산표시목록	기일내역	문건/송달내역
사건내역	전자지도	전자지적도	로드뷰	온나라지도+			

• 매각토지.건물현황(감정원 : 남강감정평가 / 가격시점 : 2019.08.28)

목록		지번	용도/구조/면적/토지이용계획	㎡당 단가 (공시지가) ⊕	감정가	비고
토지	1	이곡리 ___	자연보전권역,영농여건불리농지,가축사육제한구역,계획관리지역	전 1974㎡ (597.135평)	76,000원 (86,000원)	150,024,000원	* 현재 묵전상태
	2	이곡리 ___	자연보전권역,영농여건불리농지,계획관리지역	전 2538㎡ (767.745평)	73,000원 (86,000원)	185,274,000원	* 현재 묵전상태
			면적소계 4512㎡(1364.88평)		소계 335,298,000원	
감정가			토지:4512㎡(1364.88평)	합계	335,298,000원	토지 매각 (제시외기타 포함)

반값 농지 경매 사례(가평)

252

신청하면 된다. 이 농지는 영농여건불리농지[1]다. '영농여건불리농지'란 말 그대로 농사를 짓기 어려운 농지를 말한다. 농사를 짓기가 어려운 땅이면 농지연금 신청을 해도 현장 조사 시 반려될 수 있다. 농지연금 대상 농지는 실제 농사를 지을 수 있는 상태여야 한다. 하지만 해당 농지는 호박이 식재되어 있고, 추가로 잡풀 제거 후 나무 등을 식재할 수 있는 농지로 사용이 가능하다. 영농여건불리농지가 경매에 나오면 반드시 농사를 지을 수 있는 땅인지 확인을 해야 한다.

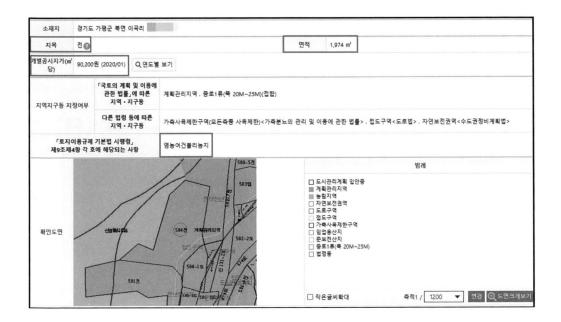

---

1   **영농여건불리농지**: 최상단부부터 최하단부까지의 평균 경사율이 15퍼센트 이상인 영농 여건이 불리한 농지로서, 예외적으로 비농업인이 소유할 수 있는 농지를 말한다(농지법 제6조제2항제9호의2).

농지연금을 활용한 농지가치 투자는 강력하다!

Q. 지목이 임야인 토지를 형질을 변경하여 농지로 사용 후 농지연금을 받을 수 있는지?

A. 지목이 임야인 토지라도 3년 이상 계속해서 농작물 경작에 이용되었거나, 그 형질을 변경하여 3년 이상 계속해서 과수 등 다년생식물의 재배에 이용된 것이 확인되면 이는 '농지법'에 따른 농지에 해당한다.

농지란 전·답·과수원, 그 밖에 법적 지목을 불문하고 실제로 농작물 경작지 또는 다년생식물 재배지로 이용되는 토지를 말한다. (농지법 제2조 제1호의 가목)

다만, 다음의 토지는 농지의 범위에서 제외한다.

① 「측량·수로조사 및 지적에 관한 법률」에 따른 지목이 전·답·과수원이 아닌 토지로서 농작물 경작지나 다년생식물 재배에 계속하여 이용되는 기간이 3년 미만인 토지

② 「측량·수로조사 및 지적에 관한 법률」에 따른 지목이 임야인 토지로서 그 형질을 변경하지 아니하고 과수, 유실수 등 다년생식물의 재배에 이용되는 토지

③ 「초지법」에 따라 조성된 초지

즉, 지목이 임야인 토지의 형질을 변경하여 3년 이상 계속해서 농작물 경작이나 과수 등 다년생식물의 재배에 이용할 경우는 농지에 해당하므로 추후 농지연금으로 활용이 가능하다.

05 포스트 코로나 시대 '농지연금에 디벨롭Develop을 더하다' ▶ 그린 프로젝트

부자는 "내 인생은 내가 만든다."고 믿는다.
가난한 사람은 "인생은 우연히 만든다."고 믿는다.
-하브 에커(작가)

이것은 필자의 '그린 프로젝트'다. 토지경매와 토지개발, 농지연금을 결합한 '종합토지예술'이다. 경매를 통해 농지를 반값에 매입하고 농지전용을 통해 소형주택을 짓고,

농지위탁경영
(농업회사법인)

Green Project

Silver Project

농지 매입
토지 경매를 통한 저가 매입

캠핑 · 물놀이 · 자연학습 · 가족 추억

농지 연금
지가 상승

농지연금(Green Project)

아이들과 함께 캠핑을 하면서 유기농재배와 자연학습놀이를 하며 나이가 들어서는 농지연금을 받는 방법이다. 당신은 어떠한가? 생각만으로도 기분이 좋아지지 않는가?

대부분 많은 사람이 전원주택에 살기를 원하지만 현실이 그렇지 못하다. 그리고 은퇴 후 노후대책은 방법을 찾지 못하고 있다. 하지만 생각만 바꾸면 이 모든 것이 가능해진다. 지금 당신이 해야 할 일은 방법을 배우고 하나씩 실천해 나가는 것이다.

도심에 살면서도 충분히 그린 프로젝트를 할 수 있다. 우선 1,000㎡ 이상의 농지를 소유하고 농업인이 된다. 농업인이 되면 법률이 정하는 바에 의하여 농지를 위탁경영할 수 있다. 농지 임대차는 비농업인으로 간주되지만 위탁인은 농업인으로 간주되어 농업인의 혜택은 그대로 보존된다. 또한 농업인은 농업회사법인을 설립할 수 있다. 농업회사법인의 주요 업무는 유통·가공·판매·농작업 대행사업 등이며 각종 세

금혜택을 받을 수 있다. 농업회사법인을 설립하면 아주 유용하다.

일부 토지는 농지전용허가를 받아 10평~12평 정도의 소형주택을 짓는다. 건축비는 토목공사비를 포함하여 약 5천만 원 정도 든다. 자금대에 맞는 적정한 면적의 농지를 매입하되 반드시 도로가 있고 가급적 계곡을 낀 농지이면 좋겠다. 평일에는 농사를 지을 수 없어 농지를 부분위탁 경영하고 주말에는 가족과 함께 유기농재배 및 영농체험을 한다. 내가 설계한 소형주택에서 가족끼리 캠핑을 즐긴다.

이 방법은 관련 법률과 제도를 충분히 활용하면서 얻은 나만의 방법이다. 아래의 법률과 제도를 살펴보고 적용해 보자.

농지의 이용 / 자경

우리나라는 농지에 관해 농사를 짓는 사람만이 농지를 소유하도록 허용하고 있으나, 농업 생산성의 제고와 농지의 합리적인 이용 또는 불가피한 사정으로 발생하는 농지의 임대차와 위탁경영은 법률이 정하는 바에 의하여 인정하고 있다. 현행법상 인정되는 농지의 이용방법으로는 ①농지의 자경, ②임대차·사용대차, ③위탁경영을 들 수 있다.

① 농지의 자경

농업인이 그 소유농지에서 농작물 경작 또는 다년생식물 재배에 상시 종사하거나(전업 농업인), 농작업의 ½ 이상을 자기의 노동력으로 경작 또는 재배하는 것(겸업 농업인)과 농업법인이 그 소유농지에서 농작물을 경작하거나 다년생식물을 재배하는 것을 말한다.

② 농지의 임대와 사용대차

농지의 임대차·사용대차란 농지를 소유하는 사람이 불가피한 사정으로 농지를 직접 경작하지 못하더라도, 임대차·사용대차의 요건에 해당하면 임대차 또는 사용대차 계약을 통해 다른 사람이 농업을 경영하도록 하는 것을 말한다.

③ 농지의 위탁경영

농지 소유자가 타인에게 일정한 보수를 지급하기로 약정하고 농작업의 전부 또는 일부를 위탁하여 행하는 농업경영을 말한다. 위탁경영은 부분위탁과 전부위탁의 경우가 있다.

▶ **부분위탁경영**

> 농지의 소유자가 타인에게 일정한 보수를 지급하기로 하고 농작업의 일부를 위탁하여 행하는 농업경영으로서 농지소유자가 주요 농작업의 1/3 이상을 자기 또는 세대원의 노동력에 의하거나 1년 중 30일 이상을 주요 농작업에 직접 종사하는 경우이다. ▶ 둘 중에 어느 하나라도 해당되면 일부 위탁으로 본다.

▶ **전부위탁경영**

> 농지의 소유자가 타인에게 일정한 보수를 지급하기로 하고 농작업의 전부를 위탁하여 행하는 농업경영과 일부를 위탁하여 행하는 농업경영으로서 부분위탁경영에 해당하지 않는 농업 경영을 말한다.

▶ 농지소유자는 다음의 경우 소유농지를 위탁경영할 수 있다

① 3개월 이상 국외 여행 중인 경우

② 농업법인이 청산 중인 경우

③ 선거에 따른 공직 취임으로 자경할 수 없는 경우

④ 부상으로 3월 이상의 치료가 필요한 경우

⑤ 교도소·구치소 또는 보호감호시설에 수용 중인 경우

⑥ 농지이용증진사업 시행계획에 따라 위탁경영하는 경우

⑦ 농업인이 자기 노동력이 부족하여 농작업의 일부를 위탁하는 경우

구 분	임대차	위탁경영
의 미	임차료를 지급받을 것을 약정하고 농지를 빌려줌 (사용·수익)	일정한 보수를 지급할 것을 약정하고 영농작업의 전부 또는 일부를 타인에게 위탁함
같은 점	· 농지 소유자가 직접 농사를 짓지 않음 · 경자유전의 원칙적으로 금지하나, 법률이 정하는 바에 의하여 인정함	
다른 점	수확물은 임차인 소유 임차인이 농지사용대가(임차료)를 지급 농지에 대한 사용·수익은 임차인에게 귀속 임대인은 비농업인으로 간주됨	수확물은 농지소유자 소유 농지소유자가 위탁작업에 대한 보수 지급 농지에 대한 사용·수익은 소유자에 귀속 위탁인은 농업인으로 간주됨

영농조합법인과 농업회사법인

농업법인의 설립 근거는 『농어업경영체 육성 및 지원에 관한 법률』이며, 영농조합법인과 농업회사법인으로 구분하고 법인의 설립, 출자, 사업, 정관 기재사항 및 해산 등에 관한 사항을 규정하고 있다.

같은 법에서 영농조합법인은 '협업적 농업 경영체'로, 농업회사법인은 '기업적 경영체'로 규정하고 있으며, 『농어업경영체 육성 및 지원에 관한 법률』에서 규정한 사항 외에는 영농조합법인은 '민법상 조합'에 관한 규정을, 농업회사법인은 '상법상 회사'에 관한 규정을 준용하도록 하고 있다.

농지연금을 활용한 농지가치 투자는 토지 경매를 통해 농지연금에 적합한 농지를 공시지가의 반값에 매입해 농지를 활용하면서 향후 농지연금 가입조건을 완성시켜 매달 월세처럼 일정금액을 받는 방법이다. 만약 해당 토지가 개발사업지구로 지정되어 수용되더라도 공시지가 보다 저렴하게 매입해 수익을 얻을 수 있다. 또 해당 지역의 개발 이슈가 생겼을 때는 지가 상승 효과까지 얻을 수 있다.

농지연금을 활용한 농지가치 투자는 매월 300만원 평생 받는 파이프라인을 가장 안전하고 확실하게 만들 수 있고, 포스트코로나 시대 '그린 프로젝트'로써 수요층이 점차 증가하여 미래 전망 있는 비즈니스 모델로 확장시킬 수 있다.

구분	영농조합법인	농업회사법인
관련규정	▶농·어업경영체 육성 및 지원에 관한 법 ▶민법상 조합	▶농·어업경영체 육성 및 지원에 관한 법 ▶상법상 회사
발기인	▶농업인 또는 농업생산자단체 5인 이상	▶합명·합자회사 2인 이상 ▶유한회사 2~50인 ▶주식회사는 농업인 1인 이상
비농업인 출자	▶의결권이 없는 준조합원의 자격으로 출자가능 ▶출자한도 없음	▶총 출자액이 80억 원 이하 → 총 출자액의 9/10을 초과 못함 ▶총 출자액이 80억 원을 초과 → 총 출자액에서 8억 원을 제외한 금액을 출자한도 로 함
설립 자본금	▶1억 원 이상일 시, 농림사업 지원을 받을 수 있음	
조세부담	▶농업소득에서 발생한 배당소득 → 전액 소득세 면제 ▶농업소득 외의 소득에서 발생한 배당 소득 → 연간 조합원당 1천 2백만원 이하의 금액에 대하 여 소득세 면제 → 초과되는 금액에 대한 원천징수세율은 5%로 함 (지방소득세와 소득분은 부과되지 않고, 종합소 득과 세표준에 합산하지 않음)	▶농업소득에서 발생한 배당소득 → 전액 소득세 면제 ▶농업소득에 대한 법인세 면제 ▶농업소득 외 소득에 대한 법인세는 50%에 상당하 는 세액 감면 *농업소득외 소득 축산업, 임업, 농산물의 유통·가공·판매, 농작업 대 행에서 발생한 소득농업회사법인의 부대사업에서 발생한 소득
사업범위	▶농업의 경영 및 그 부대사업 ▶농업과 관련된 공동이용시설의 설치·운영 ▶농산물의 공동 출하·가공 및 수출 ▶농작업의 대행 ▶기타 목적달성을 위하여 정관에서 정하는 사업	▶농업경영, 농산물의 유통·가공·판매, 농작업 대행 사업 ▶영농에 필요한 자재의 생산·공급·종자 생산 및 종 균배양사업 ▶농산물의 구매 및 비축사업 ▶농업기계나 그 밖의 장비의 임대·수리 및 보관사업 ▶소규모 관개시설의 수탁, 관리사업

총정리 ▶ 부동산 시장 분석 ~ 토지 투자 4가지 컨셉 전략

1. 부동산 시장 분석 / 예측
   부동산 시장의 흐름과 앞으로 10년 "대한민국 교통망" 핵심 지도
2. CONCET1. 토지개발 (Develop Relay Project)
   토지개발을 통해 단기간에 땅값 2배, 평생 연봉 만들기 프로젝트
3. CONCET2. 환지 투자 (Land Substitution Project)
   소액으로 아파트가 될 땅으로 돌려받는 환지 공동 투자 프로젝트
4. CONCET3. 대토보상 / 차익형 투자 (Land Provision Compensation Project)
   수용 방식 개발지구 내 대토보상 / 토지보상 차익형 투자 프로젝트
5. CONCET4. 농지 연금 (Green Project)
' 평생 파이프라인 구축하기' 농지연금을 활용한 농지가치 투자 프로젝트

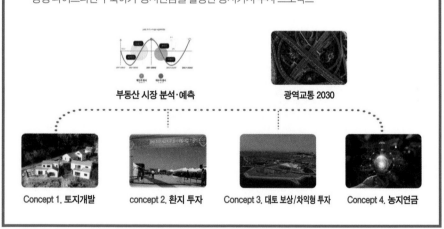

부동산 시장 분석·예측   광역교통 2030

Concept 1. 토지개발   concept 2. 환지 투자   Concept 3. 대토 보상/차익형 투자   Concept 4. 농지연금

당신이 도달하지 못한 부동산 투자 최고 레벨,
우린 레벨이 다르다

영화 〈강남 1970〉에서는 강남 발전 과정에 대한 이야기가 나온다. 1968년 김신조 청와대 습격 사건으로 인해 안보에 대한 불안감이 증폭했고, 수도 서울 인구의 급증한 이유를 들어 북한군의 장사정포 포격을 피할 수 있는 강남지역을 개발한다. 영화에서는 비자금을 모으기 위한 목적으로 자전 거래를 통해 가격을 상승시키고 언론을 통해 정보를 흘려 사람들을 강남으로 흡수시킨다. 문제는 당시 강남이 아무 것도 없는 허허벌판이었다는 사실이다. 당시 강남땅을 사는 것은 미친 짓이나 다를 바가 없었다. 정치인과 기업인들 향후 계획을 미리 알고 있는 일부 눈치가 빠른 사람들은 이 곳에 땅을 사들여 돈을 벌었다.

개발계획을 알면 부동산 투자가 보인다.

강북에서 강남으로 서울시민이 유사시 도강할 수 있는 교량을 건설했고, 경제개발 5개년 계획에 따라 경부고속도로가 개통됐다. 경부고속도로가 개통되기 이전 서초구 양재역사거리 일대 말죽거리는 평당 200원 ~ 300원에 불과했지만 고속도로 개통

후 1년도 안되어 10배가 넘게 폭등했다. 당시에 이런 계획을 알고 있었다면 당신의 부모님은 부자가 됐을 것이다. 이 책은 앞으로 10년 동안 바뀔 우리나의 광역교통망에 대한 내용이 담겨 있다. 그것을 그냥 무시하고 지나쳐 버린다면 기회는 사라질 것이다. 기회는 항상 준비된 자에 것이다.

이 책은 시중에 발간된 어느 책에도 나와 있지 않은 토지 투자의 모든 것이 담겨있는 종합 지침서다. 부동산 투자에서 가장 어려운 종목인 '토지'를 주제로 담았지만 진입장벽이 높은 만큼 얻게 되는 '파이'가 크다. 내용이 다소 어려운 부분도 있지만 최대한 쉽게 정리를 하려 노력했고 독자들에게 재테크 문제를 해결하는 지침서로 활용될 수 있도록 실제 사례를 들어 설명했다. 이 책은 재테크의 숨겨진 비법이 담겨있다. 평생 연봉을 만드는 방법, 월 300만 원 평생 연금 받는 방법 등 당신의 재테크 문제를 이 책 한 권으로 끝낼 수 있도록 했다.

코로나19로 인해 모든 분야에서 변화가 일어나고 있으며, 전 세계는 4차 산업혁명의 시대를 맞고 있다. 정부에서는 앞 다퉈 포스트 코로나 대비 한국판 뉴딜 정책을 발표했다. 온라인 산업과 비대면 서비스를 활성화 하는데 중점적으로 예산을 쓰겠다는 내용이 담겨있다. 앞으로 부동산 거래와 부동산 투자 방식에 있어서도 온라인 서비스로 점차 변화되어 갈 것이다. 다가오는 4차 산업혁명 시대 우리는 무엇을 준비하고 어떻게 대비해야 할까?

지금 당신이 나아가야 할 길은 우선 배우는 것이다.

배움은 수익이 약속된 투자다. 교육에 투자하지 않는다면 훗날 훨씬 큰 대가를 치를 준비를 해야 할 것이다. 이 책을 읽고 지침서로 활용하겠지만 더 중요한 것은 더 많이 더 자세히 배우는 것이다. 부자사관학교에 입문하여 함께 배우고 성장해 나가는 진짜 부자의 길로 나아가길 바란다.

아이디어는 실행하는 사람이 모든 것을 소유한다.

만약 당신이 진짜 부자의 길로 가는 방법을 이 책을 통해 깨달았다면 실행하라. 실행하는 사람이 소유하는 것이다. 경험이 없으면 경험이 있는 사람에게 배우고 책을 통해서 간접 경험을 해라. 그것이 실패확률을 줄일 수 있는 유일한 방법이다. 기꺼이 배움에 투자하고 그 배움을 통해 얻은 지식과 경험을 바탕으로 기회를 잡아라.

땅은 긍정적이고 진취적인 사람을 좋아한다.

높은 건물을 지을 수 있는 땅은 비싸다. 땅은 초고층으로 오르고 싶어 하는 욕망이 있다. 땅의 높이가 그 땅의 가치를 결정한다. 대한민국에 땅을 가진 사람은 10명 중 3명에 불과하다. 땅을 소유한 30% 중에서도 상위 10%가 우리나라의 전체 면적의 절반의 땅을 소유하고 있다. 만약 당신이 아직 한 평의 땅도 갖고 있지 않다면 우선 상위 30%안에 들도록 노력해야 한다. 그리고 10%안에 들겠다는 열정과 꿈을 가져라. 땅은 긍정적이고 진취적인 주인을 좋아한다. 당신의 이름 석 자가 붙은 등기부등본이 많아지길 기원한다.

부동산 최고 레벨로 나아가라

연일 보도되는 아파트 관련 뉴스에 좌고우면左顧右眄 하지 마라. 우린 이 레벨이 아니다. 토지를 배운다는 것은 국토종합계획과 도시계획, 광역교통계획은 기본이며, 각종 부동산 법률과 제도를 이해하고 저평가 지역, 미래가치가 높은 지역을 선정하고 해당 지역의 타겟 물건을 적시 적절하게 소유할 수 있는 능력을 배우는 것이다. 일반 사람은 아파트를 보지만 우린 아파트를 지을 땅을 본다. 접근 방식과 차원이 다르다. 이 책을 통해서 부동산 최고 레벨로 나아가라. 당신의 재테크 문제를 해결하고 진짜 부자가 되는 방법을 실행하라.

끝으로 필자인 나와 인연을 가진 소중한 사람들이 평생 연봉을 만드는 시스템을 구축하고, 매월 300만 원 평생 연금도 받으면서, 더 나아가 '스타벅스'로부터 임대료를 받는 대한민국의 지주, '진짜 부자'가 되기를 간절히 바란다.

2020년

부자사관학교 도선국사 이도선

확 달라진 세상! 진짜 부자는 아파트가 될 땅을 본다

1억 투자로
월 300만 원
평생 연금
받는 비법

초판 1쇄 발행 / 2020년 11월 7일
초판 3쇄 발행 / 2020년 12월 8일

지은이 / 김선무, 김진수, 진창용, 성은경, 이도선
펴낸이 / 최화숙
편집인 / 유창언
펴낸곳 / 이코노믹북스

등록번호 / 제1994-000059호
출판등록 / 1994. 06. 09

주소 / 서울시 마포구 성미산로2길 33(서교동), 202호
전화 / 02)335-7353~4
팩스 / 02)325-4305
이메일/pub95@hanmail.net/pub95@naver.com
ⓒ 김선무, 김진수, 진창용, 성은경, 이도선 2020
ISBN 978-89-5775-252-4 03320

값 18,000원